乡村振兴的安徽实践

安徽建筑大学
左光之 金乃玲 刘 宁 主 编

中国建筑工业出版社

图书在版编目（CIP）数据

乡村振兴的安徽实践 / 左光之，金乃玲，刘宁主编
. —北京：中国建筑工业出版社，2023.9
ISBN 978-7-112-29184-7

Ⅰ.①乡… Ⅱ.①左… ②金… ③刘… Ⅲ.①农村－社会主义建设－研究－安徽 Ⅳ.①F327.54

中国国家版本馆 CIP 数据核字（2023）第 180915 号

责任编辑：费海玲　王晓迪
文字编辑：汪箫仪
责任校对：李欣慰

乡村振兴的安徽实践
安徽建筑大学
左光之　金乃玲　刘　宁　主　编

*

中国建筑工业出版社出版、发行（北京海淀三里河路9号）
各地新华书店、建筑书店经销
北京科地亚盟排版公司制版
临西县阅读时光印刷有限公司印刷

*

开本：880毫米×1230毫米　1/16　印张：8　字数：140千字
2023年12月第一版　2023年12月第一次印刷
定价：98.00元
ISBN 978-7-112-29184-7
（41776）

版权所有　翻印必究
如有内容及印装质量问题，请联系本社读者服务中心退换
电话：（010）58337283　QQ：2885381756
（地址：北京海淀三里河路9号中国建筑工业出版社604室　邮政编码：100037）

本书编委会

指 导 单 位	安徽省农业农村厅
	安徽省乡村振兴局
	安徽建筑大学
协 编 单 位	安徽省乡村振兴研究院
	安徽省乡村振兴促进会
主　　　编	左光之　金乃玲　刘　宁
参　　　编	张亚新　纵风云　孟守东　王　灿　熊　玮
	付岚岚
参编研究生	黄艺培　周自康　谷　军　米之杰　赵文君
	薛　丽　汪琪彬　贺诗展　何雨飞　雷　敏
摄　　　影	夏季芳

前言

乡村振兴是党的十九大报告中提出的重要战略,也是推动我国全面建设社会主义现代化国家的必然选择。安徽省毗邻长江,气候温和湿润,土地肥沃,且拥有丰富的农业资源。作为中国农业大省之一的安徽省,秉持"绿水青山就是金山银山"的发展理念,积极探索乡村振兴之路,取得了丰硕的成果。

安徽省位于华东腹部,东邻长江,西接河南、湖北,北部与山东、江苏接壤,南部与浙江、江西毗邻。省域地貌复杂,地势起伏较大,分布着山地、丘陵、平原、盆地等地形。其中,皖南、江淮为丘陵地貌,皖北、皖江以平原为主,皖西则是大别山区。省域地理气候特征多样,气候温润,四季分明,雨量充沛。冬季寒冷,夏季炎热潮湿,春秋两季温暖宜人。因气候条件适宜,安徽省的森林资源丰富,植被覆盖率较高。尤其是皖南与皖西大别山区,四季皆有花开,郁郁葱葱、花木繁茂。

安徽省地处长江中游地区,淮河、长江、新安江等多条重要河流流经境内,同时,还拥有巢湖、太平湖等众多湖泊,水资源十分丰富。凭借辖区内地貌特征多样,气候典型,水土资源适宜农作物生长和良好的生态环境优势,自古就奠定了全国农业大省的地位。有超过千万亩的丰富耕地资源,土壤肥沃,水网纵横交错,湖泊遍布,为农业生产提供了优质土壤及充足的水源保障。稻谷、小麦、玉米、豆类、棉花、油菜、茶叶、果品等农产品种类多样。其中,黄山毛峰、祁门红茶等茶叶享誉全国,花生、草莓、桑蚕等产品在全国也有着极大的优势。早期农耕文明的发达,也孕育了农耕文化的繁荣。安徽省也拥有数量众多的全国传统村落,传统村落多分布于皖南,以蕴含厚重的徽州文化而举世闻名。

安徽省具有自然环境和人文条件上的优势,是全国重要的现代农业示范区之一,从政策扶持、科技创新、人才引进等方面积极推动现代农业发展,加快绿色农业、生态农业建设,推动农业结构调整和升级,促进安徽省农业农村的持续发展。

总体来说，安徽省拥有丰富的农业资源，为农村经济的发展提供了良好的产业基础；特征鲜明的地域文化，为农村发展提供了可供传承发扬的人文资源；多样的地形地貌及高森林覆盖率，为乡村生态环境的提升提供了保障。在乡村振兴战略实施过程中，更应该充分发挥这些资源的潜力，加快推动农业现代化和产业转型升级，助力农民增收致富和美好乡村建设。

安徽省地域辽阔，农村分布特征多样。自新中国成立以来，安徽省农村建设发展历程精彩纷呈。从新农村建设到美好乡村再到美丽乡村，安徽乡村建设发展的每一步都取得了令人瞩目的成果。在党中央的农村发展政策引领下，农村发展经历了几个阶段的飞跃。

1949—1965年，新中国成立后，安徽省开始推行土地改革和农村基本建设。在这一时期，政府实施公共基础设施建设，包括道路、桥梁、水利工程等，提升了农村交通、水利等基础设施的发展水平。

1965—1978年，政府推广"人民公社"制度，加速农业社会化生产的发展。然而，由于自然灾害等原因，这一时期安徽省的农村经济陷入低谷，村庄建设处于停滞状态。

改革开放初期，1978年，安徽小岗村民率先签订家庭联产承包责任制，拉开了中国农村改革的序幕。随着改革开放的深入，家庭联产承包责任制由省内向全国推广实行，使农业生产逐渐走向市场化。同时，政府大力发展农村经济和基础设施建设，加大了对农产品的质量控制和市场销售等方面的支持，农业生产及村庄建设快速发展。

随着改革开放的持续推进，安徽省的农村发展与建设进入了新时期。政府持续发力引导科技创新、人才引进和产业结构升级，全面推进精准扶贫工作。安徽省在加快推进"三农"工作、大力发展现代农业的同时，加大村庄基础设施建设和环境保护的力度，致力于推进美丽乡村建设。

近年来，随着国家乡村振兴战略的提出和实施，安徽省持续通过政策优惠、投入增加、技术创新等手段，加速推进农村现代化建设和农业结构的调整升级，全省农村经济逐渐向高效、绿色、可持续发展方向转变。

安徽省的农村建设经历了一个从短暂的初步阶段到长期的自我反思和调整的过程，虽然在不同时期，农村建设存在着各种问题和困难，但农村的建设发展一直在安徽省政府及省农业农村厅的政策指导下稳步推进。

党的十九大提出了乡村全面振兴的战略部署，针对农村问题的复杂性、多样性、全面性，"五大振兴"联动互促，全方位实现乡村发展振兴，切实提升村民的幸福感。在此背景下，安徽省根据本省农业农村实情，在确保粮食及农作物正常生产的前提下，针对安徽省农村人口比重大、农村分布特征多样以及乡村历史与资源多样的特点，总结历年来农村建设发展的经验，厘清当下乡村建设发展的优势与短板，出台一系列政策与措施，鼓励各级政府打开思路、摸排地情、找准目标、真抓实干。经过几年的努力，安徽省的乡村振兴取得了可喜成效，涌现出一批产业旺、生态好、乡村美、村民赞的和美乡村。

安徽建筑大学乡村振兴研究院师生，结合亲身参与的乡村建设工作及历年对乡村建设的跟踪研究，通过深入调研，遴选出安徽省在乡村振兴战略推广实施后，通过乡村建设而激发出乡村振兴蓬勃发展可喜局面的典型案例。这些典型案例包括：全国农村土地改革带头村的凤阳县小岗村；获得全国脱贫攻坚称号的金寨县大湾村；传统村落走出现代振兴之路的歙县蓝田村；发扬"非遗"文化蝶变成美名远播的歙县卖花渔村；通过提升村庄环境、创立特色田园综合体而发展振兴的庐江县三冲村、鲍店村及东县山口凌村；利用优美乡野景色来打造民宿集聚群的合肥郊区唯美磨滩及麦香村；传承乡村历史文化、重塑地域风貌的肥西县山口村；发挥历史名人效应、传承乡村传统文化的肥东县板桥村；引进资本承接城市微旅游、吸引青年返乡创业的巢湖北岸三瓜公社；吸引艺术家乡村设点、打造农业景观的合肥蜀山区小岭南；利用种植田园打造城市农耕文化体验基地、创建和美乡村的长丰县马郢村。选取的这14个村，自然条件、人文历史及农业资源各不相同，但通过挖掘自有特色资源，找准适宜的发展定位与目标，切实落实乡村发展建设项目，步步推进，殊途同归。既提高壮大了集体经济，留住了生态田园风光，还激发出村民积极性，提升了村民的幸福感，走出了适合各自的乡村发展之路。

本书以点窥面，向读者呈现党的十九大后，安徽省在乡村振兴方面的实践经验和成果。阅后既可了解安徽省近几年的乡村振兴发展成果，也可为今后乡村振兴的发展提供借鉴思路，为推动中国农村的全面振兴起到积极促进作用。

编写组

目 录

前言
安徽乡村振兴寄语   002

1. 巢湖北岸三瓜公社   005
2. 肥东县板桥村   013
3. 肥西县山口村   020
4. 庐江县鲍店村   027
5. 凤阳县小岗村   037
6. 包河区圩美·磨滩   045
7. 庐江县三冲村   054
8. 金寨县大湾村   063
9. 长丰县马郢村   072
10. 肥东县山口凌村   081
11. 合肥蜀山区小岭南   089
12. 歙县蓝田村   097
13. 黄山市歙县卖花渔村   104
14. 合肥将军岭麦香村   110

乡村振兴安徽实践

安徽乡村振兴寄语

乡村振兴，是中华民族复兴之梦，亿万人的理想。振兴蓝图如何描绘？青山绿水，美丽庄园，丰衣足食，宁静城镇，还有精神上的富足……

这一切新时代的风貌，需要左光之院长等无数先驱者的长期奋斗！我深信，只要有坚定不移的信心、坚韧不拔的毅力、脚踏实地的实干精神，一定能实现这宏伟目标！

丁厚本

"江山就是人民，人民就是江山"。实施乡村振兴战略，是党的十九大做出的重大决策部署，是新时代做好"三农"工作的总抓手，是实现"两个一百年"奋斗目标和中华民族伟大复兴中国梦的必然要求，让乡村振兴成为全党全社会的共同行动。期待着安徽乡村振兴在省委、省政府的坚强领导下，在安徽乡村振兴研究院（促进会）和社会各界等无数"开拓者"的努力奋斗下，为中国乡村振兴的壮丽蓝图下留下浓墨重彩的一笔！

周先意

民族要复兴，乡村必振兴。这是颠扑不破的真知灼见。

安徽这片热土，曾经是改革开放后吹响中国农村改革号角的桥头堡，小岗村18户农民在"生死契约"上按下了18枚鲜红的手印，揭开了农村"大包干"的序幕。

几十年过去了，安徽的"三农"都紧跟着时代的脚步前行。大别山革命老区金寨县大湾村则是一个缩影。金寨县曾是国家级首批重点贫困县，大湾村又是金寨县的重点贫困村。这个小山村发展"山上种茶、家中迎客"特色产业，实现了美丽蝶变，成为"全国脱贫攻坚楷模"。

安徽在乡村振兴伟大洪流中更要击楫中流。

安徽乡村振兴研究院（促进会）联合安徽省高校、院所、企业、各级政府及其部门力量，将触角伸进乡村振兴最敏锐的部位，将课题聚焦于乡村振兴最亟待解决的难题，取得了重要的阶段性成果。

《乡村振兴的安徽实践》就是他们近一两年来知行合一的成果结晶，也是探索实践的范例。我们有理由相信，它对写好安徽乡村振兴的未来篇章一定大有裨益。

朱灿平

44年前，安徽小岗村的18个"红手印"，拉开了中国农村改革开放的序幕，创造了闻名全球的"小岗精神"。新发展阶段，坚持实事求是原则，坚持粮食安全底线思维，打造"江淮大粮仓"，助力国家粮食安全；坚持健康引领的创新理念，以耕地土壤质量、灌溉水质保护为核心，全面推动农业绿色发展，建设长三角绿色农产品生产加工供应基地，提升农业生态产品供给能力，为国人提供健康农产品，助力健康中国战略的实现。我坚信：安徽定会谱写出乡村振兴的宏伟篇章，实现从农业大省向农业强省的根本转变。不久的将来，一幅农业更强、农村更美、农民更富的乡村振兴壮美画卷将展现在江淮大地。

于法稳

乡村，未来生活的一种想象。

《第三种生活：中国人未来生活方式预测》一书中提到，自改革开放以来，中国老百姓从为衣食温饱忙碌的第一种生活过渡到物质丰裕、有房有车的第二种生活，下一个阶段就是如何过渡到文明、生态、健康的第三种生活。正在走向的未来应该会是这样的场景，城市的人可以到乡村小住，乡村的人也能够随时到城市居住，在这种双向流动中形成新的生活圈和新的生活方式，乡村如何适应或者说满足这样的需求就是乡村振兴的方向。期待安徽省乡村振兴研究院的探索与实践。

王　波

习近平总书记强调，民族要复兴，乡村必振兴。

1978年，安徽小岗村的18位农民以"托孤"的方式，冒着极大的风险，立下"生死状"，在土地承包责任书上按下了红手印，创造了"小岗精神"，拉开了中国改革开放的序幕。

人民对美好生活的向往，就是我们的奋斗目标。摆脱贫困只是满足了人民最基本的生产和生活需求，乡村振兴战略则是贫困地区人民实现富裕生活的必然逻辑。从脱贫攻坚到乡村振兴战略，历经8年，我国广大乡村面貌产生了翻天覆地的变化，在此过程中也形成了许多非常有效的方式方法。

安徽乡村振兴研究院联合政府、高校、企业等各方力量，从乡村振兴的一线找症结、解难题，取得了许多阶段性成果。《乡村振兴的安徽实践》总结了研究院近年来在乡村振兴工作中的实践探索及其典型案例，相信这些成果一定会对乡村振兴的有效推进起到积极的借鉴作用。

刘志峰

多村统筹　协同发展

1. 巢湖北岸三瓜公社

　　融合了一、二、三产的三瓜公社，不仅将成为美丽乡村建设的新品牌，更将为当地群众带来致富新途径。三瓜公社社长张永安告诉记者，三瓜公社以电商为平台，以"互联网+三农"为路径，可以带富村民，从而走出新型城镇化和生态绿色发展之路。

安徽网，2019 年 11 月 28 日

缘起：三瓜公社

三瓜公社位于美丽的巢湖岸边，交通便利，距合肥市和南京市均1小时车程。该公社紧邻中国四大古温泉之一的温泉疗养胜地——半汤温泉，所在地原为大奎村、倪黄村、东洼村三个相邻村落。当地村民多以传统农业为生，经济发展落后，后伴随年轻人大量外流，几乎沦为空心村，村内建筑破旧不堪（图1-1）。2015年开始，三瓜公社启动了系统的乡村建设工程，由乡建名人孙君担任总设计师，在政府、企业家、设计师和村民的合力推动下，借助规划设计充分挖掘和彰显乡土特色，逐步转型为集民俗文化、休闲旅游、农业种植、电子商务及新农村建设于一体，极富地方特色的民俗文化旅游型村庄。

初识：村庄的过去

首先开发改造的是东洼村，东洼方言谐音"冬瓜"，由此南侧的大奎村命名为"南瓜村"，西侧的倪黄村改名为"西瓜村"，以便网络传播与游客记忆，三瓜公社也由此得名。规划设计伊始，首先着手产业发展的整体策划，结合三个村庄的差异化发展特征进行产业布局，赋予三个村庄相异互补的发展定位。按"冬瓜民俗村""南瓜农特电商村"和"西瓜民宿美食村"的发

图1-1　三瓜公社旧照
图片来源：村部提供

展规划，通过"互联网+三农"，把三瓜公社打造成为三产融合的美丽乡村。"冬瓜村"以文化为品牌，打造具有历史文化的民俗村，以古巢氏遗址为基础，再现古巢国文化，再通过建立各种传统的手工艺作坊如麻花、焦糖、麻油、菜籽油等土法制作工坊，以展示传统的手工艺做法。

在南瓜村内则引进傻瓜网、京东合肥馆、甲骨文、微创联盟等多家电商总部，建立电商分装库和物流中心，力图将乡村的特色农产品整合包装后销往各地；西瓜村围绕民宿美食村的定位，以既有农宅改造为方向，建成多处风情民居民宿、特色农家乐和客栈酒店。

营建探索：规划引导，村民参与，同力共建

坚持"把农村建设得更像农村"的理念，项目在改造、营建中坚持以农民为主体，充分尊重村民意愿，激发村民积极参与意识，村庄建设发展方案在反复征询村民意愿基础上调整优化，获得半数以上村民同意后方推动实施。通过让更多的原住村民参与建设，将视觉上的艺术归还给村民，实现建设一个真正属于村民的乡村（图1-2～图1-4）。村庄规划设计尽可能延续村庄肌理，尊重既有建筑的历史特征，"不拆一间房、不砍一棵树"，延续传统村落布局与建筑风貌。将农业视为三瓜公社发展的基础，通过对村落山体、农田、水系进行整治，引进机械化、规模化的现代农业，提高农田利用率，推进种养结合、产销一体。对房屋内部装修、建筑材料、绿化、商铺实行定制化设计，吸纳本地乡土人才的意见和建议。同时融入公共服务、信息网络、交通设施等提升生活便捷度。建设和改造项目大量使用本土施工队伍，并通过工分制进行管理。乡村建设项目负责人每天定时公布所需要的用工量，村民自愿报名，月底按照每人完成的工时来结算工资。这种在时间上自由灵活的参建方式，吸引了很多村民加入家园的改造建设之中。在保持建筑地域风格的同时，引导、培训村民采用本地材料和旧农具对房屋进行装饰、美化家园，促使曾经远离生活但又有在地特征记忆的农具、生活用品重新回到"家"里，如挂在墙上的蓑衣、摆在墙角的耕犁、门口的水井、喝水的茶缸、盛饭的蓝边碗等。

图 1-2 文化景观

图片来源：编写组自摄

产业谋划：文化复兴 + 电商引进 + 特色美食

贯彻"互联网+"和"农旅结合"的思路。村庄搭建了农创和乡创两个平台。一方面借助农创平台，通过农业合作等组织，加强与汤山旅游公司以及淮商集团的合作，带领农民创业致富，保障农民权益。另一方面利用乡创平台，给予各类创业团队免租、公益培训、产品开发、物流支持等服务保障，吸引外地人入乡、城里人返乡、大学生回乡。据统计，目前南瓜村入驻70家国内电商行业知名企业，吸引300多名年轻人返乡创业，有效地带

图1-3 建筑小品

图片来源：编写组自摄

动了周边乡村就业与创业。在创业平台建设的同时，公社还开设了半汤乡学院和电商培训中心，将这里打造成为"电商培训"的示范基地。学院和中心拥有50多位国内知名专家学者，不仅担任公社村民、创业者、企业的导师，还开展各种培训，向全国各地传播乡建和电商方面的知识。其中，半汤乡学院侧重于电商、乡建和农旅培训，自2016年成立以来，已完成9期县长班培训，培训人次近500人；电商培训中心侧重于电商创客培训，已举办电商培训班32期，共培训近3000人。三瓜公社项目的规划与建设，突出村民主体作用，延续地域乡村特色，以一种更加集约和高效的方式，重塑了充满活

力和生机的乡村，有效带动了当地村民创业致富，壮大了村级集体经济。这里不仅因深厚的农耕文化、记忆中的青山绿水人家、丰富的农产品、多层次旅游体验吸引了越来越多的城里人前来游玩，还因其实践的探索性吸引了各类乡建、电商、学术等团体来此考察研讨，更因其所呈现的新面貌让更多的外出务工村民返乡、外地人来此地创业（图 1-5～图 1-7）。

图 1-4　墙面美化

图片来源：编写组自摄

图 1-5　文化宣传

图片来源：编写组自摄

图1-6 半汤乡学院
图片来源：编写组自摄

图1-7 廿四节气馆
图片来源：编写组自摄

"西瓜村"重生：凝聚乡村振兴力量

三瓜公社通过区域资源综合利用，开辟出冷泉鱼、温泉鸡、茶、山泉花生等30多个产业基地，开发茶、泉、农特、文化四大系列1000余个半汤特色产品和旅游纪念品。截至目前，山泉黄豆产量达135吨，温泉花生产量达35吨，温泉蛋产量达878万个，冷泉鱼产量达305吨，温泉鸡产量达7万只。不仅大大地带动了乡村种养业，而且有力促进了相关产业的经济发展（图1-8）。

图1-8 文化类建筑
图片来源：编写组自摄

三瓜公社的成功展示了乡村振兴战略的实施过程中五大振兴联动互动,找准切入点,借助现代科学技术深度谋划,发挥村民的主人翁作用,多点发力,合力发展,也让规划设计者重新审视乡建的初心,重新思考乡村规划设计介入的方向与程度。规划设计引领下的乡村建设应是一项系统工程,坚持"把农村建设得更像农村"的理念。要在引入现代化元素的同时,不摒弃乡村固有的本质属性和乡村文明,建设具有现代城市文明意识,又有农村传统文化特点的新型乡村。其中,最重要的是不能忽视这个系统工程中的主体——村民,比如不能轻易地改变村民的生产、生活方式,或让村民过城市人的生活,应当深入了解和尊重村民生活的特点(图1-9)。

图1-9 民居改造
图片来源:编写组自摄

包公故里　涅槃重生

2. 肥东县板桥村

　　乡村精神文明建设是全面建成小康社会的基础工程，乡风文明是乡村振兴的重要标志和有力保障，肥东县包公镇近年来一直致力于将农村精神文明建设作为工作重点抓紧抓实。通过推动社会主义核心价值观在农村落地生根、大力开展农村环境整治、持续推动农村文化繁荣发展三项举措，打造农村环境、文化、乡风、志愿服务四大文明愿景。

肥东文明网，2020年8月10日

板桥中心村概况：历史悠久的板桥村

板桥村包公镇是北宋著名清官龙图阁大学士包拯的出生地，位于安徽省肥东县东部，是合肥东向出入口。板桥村包公镇山清水秀，依山傍水，风景如画，气候宜人。

板桥村历史悠久，人文荟萃。明洪武二年（1369年），江西省九江府德化县黄贵奉命迁庐，遍历城邑郊原至岘山一带，见峰峦拱抱，壑润潆洄，虎山南踞，龙山北盘，东山为靠，西野辽阔，乃青山龙虎之地，当是聚族善地，于是卜筑于此，并职戍小岘城。自此，600多年耕读传家，繁衍达兹，齿众丁旺，至今已有3.5万人口（图2-1～图2-3）。村内遗存的黄氏宗祠坐东面西，建筑占地2100m²，清乾隆十二年（1747年）建成。现今修复的黄氏宗祠遵照古制（见图2-4），玉狮一对，雄踞门外，抱鼓坤石雕松鹤蝠鹿，相映成趣。

图2-1 板桥村区位示意
图片来源：编写组自绘

图2-2 板桥村现状
图片来源：《美丽乡村设计》（文本）

图2-3 板桥村居民点现状
图片来源：《美丽乡村设计》（文本）

图 2-4 黄氏宗祠
图片来源：编写组自摄

进入 21 世纪的板桥村耕地面积 5000 亩（约 333m²），已有 90% 流转经营。种植业以传统农业为主，种植的主要作物有水稻、小麦、玉米、棉花、豆类。养殖品种为鸡、鱼、虾等，多为家庭小规模养殖。现状是产业特色不明显，缺乏优质经济型作物。大部分土地已经流转，现代规模化种植初步形成。一产产量增长慢，二产弱，三产无，且一、二、三产缺乏融合的状况制约着板桥村的发展。

谋划：文化传承 三产融合

2019 年始，在乡村振兴战略目标指引下，板桥村干部和群众充分挖掘自有资源，谋定而动，制定以生态、田园为基调，以乡村、文化为主题，集高效生产、旅游观光、文化体验于一体的现代农业宜居、宜业、宜游示范村为发展定位。并在村庄发展规划中，强化一产，加强一、二、三产融合，以及传统文化的活化传承，宣扬包公廉洁为公的优秀品质，以乡村旅游发展为契机，整治提升村庄环境，增强村民幸福感与自豪感。

规划实施打造中心村特色旅游服务区、精品农业体验区、现代农业示范区三大产业分区。

1. 中心村特色旅游服务区

以黄氏宗祠为核心吸引点，提升乡村生态环境、完善旅游服务设施，积极融入肥东东部沿山绿色健康旅游带之中。

2. 精品农业体验区

依托农业种植园区，定期举行"稻米收割体验"和"碾新米体验"，让人们感受"锄禾日当午，汗滴禾下土"的辛劳及愉悦，体验稻谷变成大米的过程。期间还举办有赶鸭子、垂钓、疯狂稻草人、新米品鉴等农事体验活动。

3. 现代农业示范区

整村推进现代农业示范区，打造现代农业示范村。种植业向规模化、产业化、特色化、品牌化发展，推出"包公品牌水稻""包公红莲藕""黄晓弟驴巴""包公铁面鱼"等农业IP，争创"一村多品"示范村（图2-5～图2-7）。

规划形成"一心、一轴，二区，三组团"的布局模式，构建宜居村落，落实旅游职能，采用"宜居组团，公共服务中心，生态文化游线"的布局模式，打破邻里交往僵化的现代生活，追求自然和谐的组合形式。

结合现有道路状况以及未来发展需求，"一心、一轴、二区、三组团"模式：

一心：即村中公共服务中心所在位置。

一轴：规划以能串联村庄特色传统风貌的路线为生态文化游览轴线。

二区：围绕公共服务中心和黄氏宗祠打造传统文化风貌特色片区，结合村庄东部水塘打造自然风光游赏片区。

三组团：依据现有居住片区的位置分为北部宜居组团，南部宜居组团和东部宜居组团。

图 2-5 村庄环境

图片来源：编写组自摄

图 2-7 春种

图片来源：《美丽乡村设计》（文本）

图 2-6 入村标识

图片来源：编写组自摄

图 2-8 迎宾门楼意向图

图片来源：《美丽乡村设计》（文本）

策略：尊重当地自然环境和风俗风貌

每一村落在其自身发展的过程中，因当地的自然环境、气候特征及地方文化，都积淀了适宜环境、适宜生产生活的地方风貌与文化，这是村落自身的特质，体现着人类在乡村生产生活中的智慧。板桥村在环境提升正规化设计中，结合环境，尊重特征，以点串线，层层递进。

迎宾门楼：取黄氏宗祠古建的青砖元素，大门额书"包公镇板桥村"，点缀大红灯笼，周边布置色彩丰富的乔灌木（图2-8）。

图2-9 华盖绿荫意向图
图片来源：《美丽乡村设计》（文本）

华盖绿荫：以植物景观营造进村后豁然开朗之感，随后看见的开阔的水塘和远景树丛、大片规整的麦田和大面积的水域将乡野氛围烘托而出（图2-9）。

浣花洗尘：位于进入村庄住区的入口位置，在观赏农田风光后给游人以休憩驻足的地方，其独有的体验让游人更乐于亲近乡野农耕。其中自然式地布置景石，台阶一阶一阶向下，部分伸出水塘，景石下种植多色草花，水塘中间放置木质水车（图2-10）。

芳园雅驻：融合乡村休闲空间环境植物，以菜园、亭廊及耕读文化为内涵，营造既有特色又有韵味的休闲绿地（图2-11）。

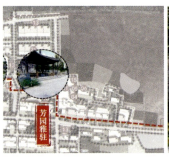

图2-11 芳园雅驻意向图
图片来源：《美丽乡村设计》（文本）

半亩芳塘：主要水塘以荷花为主题植物，营造"浮香绕曲岸"的景观意境，周边结合微地形打造疏林花坡，岸边、路旁点缀以垂柳、花灌。落花、水花相映生辉。

耕读广场：是村庄的文化休闲广场，组织场地空间，营造"赏、聚、闲"三个主题空间，满足祠堂文化体验及日常健身休闲需求（图2-12）。

村民活动广场位于中心村黄氏宗祠门口。其主要功能是承载村民的日常活动和节假日观赏集会。设计结合包公镇包公故里和黄飞虎将军的历史文化典故，打造贴合实际且美观的景观空间。

图2-10 浣花洗尘意向图
图片来源：《美丽乡村设计》（文本）

图 2-12 耕读广场意向图

图片来源:《美丽乡村设计》(文本)

经验:科学规划 主导明确

经过几年的努力,如今的板桥村,产业旺,人气旺,环境美,忙碌的村民脸上洋溢起自信、幸福的笑容。

乡村振兴发展是一个系统工程,生态保护、环境治理、乡村美化、农产品质量安全、财政支农等重点工作需要服务型政府系统集成、统筹推进,只有通盘谋划、科学合理制定顶层设计,才能有效推动各协同部门做事有依据、有标准、有规范,起到事半功倍的效果。

肥西县板桥村美丽乡村风貌活化设计实践,以村落公共空间作为切入点,通过实地调研分析,深入挖掘出其最鲜明的村落文化特色,制定出更为适宜的活化策略。村落公共空间的活化不应只局限于空间本身的物理特征,仅将目光局限在环境整治上,而是要着眼于整个村落的文化特点,并将之与村落公共空间相结合,让公共空间不仅是村民集体生产生活的场所,更是村落文化体现和传承的场所。此外,村落公共空间的活化,还应考虑因时代发展村民在生活习惯和生产方式上的转变,做出相应的功能和空间形式上的调整,这样才能持续地保持公共空间的活力(图 2-13)。

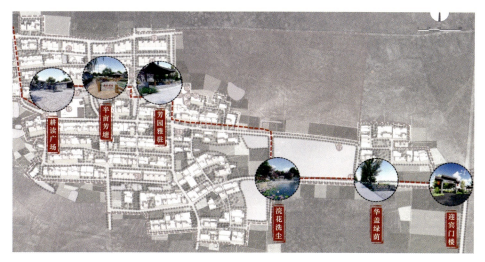

图 2-13 板桥村景观意向图

图片来源:《美丽乡村设计》(文本)

百年老街　见证历史变迁

3. 肥西县山口村

  一条人文荟萃的老街，是旧日时光里难舍的记忆，无论如何变迁或被忘记，它都以独有的精神屹立在那里。而在肥西紫蓬山南大门也有个老街，它拥有百年历史，也曾热闹非凡，但历史让它满目疮痍，如今它拥有新的契机即将重现风采。

肥西发布，2020 年 5 月 19 日

初始：吴家山口

图 3-1　山口村区位示意
图片来源：编写组自绘

山口村，位于合肥市肥西县，坐落于"庐阳第一名山"紫蓬山景区南麓，被誉为"紫蓬山南大门"。古时是肥西、舒城、六安等地往庐州城的必经之地，有"两山之间吴山口，四方通衢小金斗"的美誉。

史书记载，山口古称吴家山口，相传明朝吴氏家族始建。晚清淮军统领"小吴三"屯兵筑堡建村，并逐渐形成了以圩堡传统民居形式的建筑群聚居成村。村内有一条热闹繁华的集市街，南来北往的商人、香客不绝，大小商埠、医院、学堂、茶楼、饭庄、油场、槽坊、赌场、戏院、窖厂、染坊等各类建筑应有尽有，故有"小金斗"（旧合肥城）之称（图 3-1）。

历史：没落的村庄

具有近 400 年历史的山口村经解放时期的一场大火后，商业衰落，传统建筑基本破坏殆尽，只留下古时的商业街巷格局及散落乡野的零星圩堡民居，以及人们历代相传的淮军人物及传说故事（图 3-2）。

图 3-2　山口村街景旧貌
图片来源：《规划设计》（文本）

图 3-3 山口村街道历史脉络

图片来源:《规划设计》(文本)

幸运的是,具有皖中西部传统民居典型特征的刘老圩得以完整保留。近几年在社会的高度关注和当地各级政府充分重视传统义化保护的观念下,民居得以较好地修复并保存下来。但处于偏僻自然乡间环境中的圩堡,由于历经战乱、人为破坏及自然衰败,且分布离散,难以整合保护开发。而繁极一时的山口商业街,随着社会的变迁及商业地位的退化,繁华不在,建筑凋零,蕴含其中的历史文化也在滚滚大潮中逐渐消隐,渐渐被后人淡忘。至 20 世纪初,山口村已成为以外出务工为主要经济收入的"空心村"(图 3-3)。

探索:深挖历史文化

作为一座历史古城,合肥素以"三国故地、包拯家乡、淮军摇篮"而著称。清中晚期,合肥市西乡(今肥西县)是淮军将领的主要聚集地,伴随着农民运动和地方绅士团练,圩堡群得以兴起。合肥市淮军圩堡群是江淮地区的特色传统民居,代表着皖中建筑风格,内部建筑风格延续了皖北合院式民居的营造特点,同时兼顾了皖南民居的天井空间组合手法,整体风格承接南北之间。其文化在安徽地域文化中可谓是独树一帜,也是淮军文化演变历程和本地乡村社会变迁的缩影,更是传承合肥人文内涵和打造合肥城市名片的重要内容(图 3-4)。

图 3-4 山口村边景观

图片来源:编写组自摄

为落实美丽乡村建设目标，合肥市已出台若干指导原则及实施意见，圩堡群作为乡村建设中独一无二的文旅资源，其保护利用为调整城乡关系提供了思路，最终对实施乡村振兴、继承淮军文化和培养当代青年的爱国奉献精神有重大的现实意义（图3-5）。

图 3-5　村口门楼
图片来源：编写组自摄

谋划：尊重和保护当地自然环境和风俗风貌

山口村在村落布局上最明显特征是，散落的圩堡建筑与周边自然环境紧密结合，街市作为村落主要公共商业空间具有聚合作用。山口村乡村振兴工作充分认识地方传统文化的重要价值，以及保护与利用在现代乡村发展中互推互促的共赢关系，尊重自然环境和在地文化，找准经济激发点。充分考虑场地原有环境特点，注重对当地生态环境和人文风貌的保护，保留乡村原有的肌理和结构，将可持续发展理念融汇于乡村振兴系列工作中，尤其是美丽乡村建设活动中。

在乡村规划中，山口村注重保持乡村环境的整体性，重塑街区对村落的聚合作用，将街区打造成既有文化旅游功能，又有行政村公共服务与配套功能的村核心区域。街区重塑中注重整体与局部环境的连续性，以及人的行为活动与空间环境之间的协调性。村中存在多个重要的公共空间，如河岸、祠堂、戏台、农作地等，彼此之间的距离或近或远，却并没有相互隔绝。在此背景之下的村落公共空间活化设计更要统筹兼顾地处理好节点之间的关系，将街区组织成一个有机整体，确保山口村的节点空间能共同体现出村落文化特色（图3-6、图3-7）。

图 3-6 骑楼街景
图片来源：编写组自摄

图 3-7 构造细节
图片来源：编写组自摄

理念：聚焦村民诉求

村民是村落生活的主体人群，聚焦村民诉求，是公共空间活化设计中"以人为本"的重要体现。山口村建设除了保障村民的基本物质需求，还尽量满足村民更高层面的精神需求。目前农村的环境质量水平参差不齐，水平较低的地区往往存在生活垃圾积存、养殖业排放污染、交通条件不便等问题，这些都直接影响着村民的日常活动和身心健康。在活化设计中遇到此类问题应首先将其解决。山口村聚焦村民诉求，关注村民之间的差异，根据不同类型的诉求，对活化策略进行合理的取舍、调整（图3-8、图3-9）。

山口村公共空间的活化在深入调研和挖掘村落的本土文化的基础上，明确村落特色，以街区遗存的街巷格局及圩堡传统民居的建筑特色为主题展开。将村落本土文化与村落公共空间的活化设计相结合，激活、传承地方文化（图3-10、图3-11）。

图3-8　北碉堡
图片来源：编写组自摄

图3-9　文化礼堂
图片来源：编写组自摄

图3-10　街面装饰
图片来源：编写组自摄

图3-11　马头墙
图片来源：编写组自摄

重生：政府主导——百年老街见证历史变迁

基于"推动乡村振兴战略，挖掘淮军特色文化"的策略，通过对山口村的再生设计与营建，将保护传统文化与乡村振兴相结合，赋予空间新的定义和理念，为皖中圩堡传统民居活化利用、宣传淮军文化、提振地方经济，更好地促进安徽省境内其他圩堡传统建筑的保护和发展，为乡村振兴战略提供内生动力（图3-12、图3-13）。

图3-12 村内居宿
图片来源：编写组自摄

图3-13 青石小巷
图片来源：编写组自摄

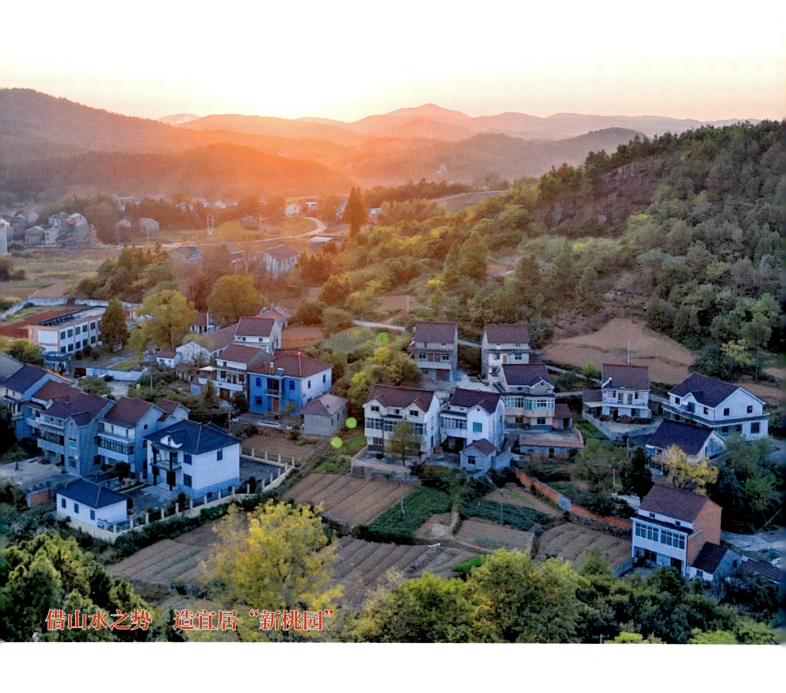

借山水之势 造宜居"新桃园"

4. 庐江县鲍店村

庐江县罗河镇鲍店村的黄山寨地势陡峭,而依山而上的村落却整齐有序、干净整洁,呈现出一派田园风光的景象。

合肥在线—合肥资讯,2019年6月20日

鲍店村地理位置

鲍店村位于安徽省合肥市庐江县的最南端，距省会合肥市约100km，南邻合铜公路，交通出行便利。村庄紧邻黄山寨山脚，东侧毗邻黄山寨水库，三面环山、一面临田，是典型的山坳人家（图4-1）。村庄内池塘遍布，环山四季常青，山坡梯田常年种植水稻。整个村落镶嵌于青山绿水中，呈现与自然环境和谐共处的景象。

资源

鲍店村生态环境优良，空间意境特殊。山湖辉映、山麓村居错落有致（靠近山脚水库的阳家墩尤为突出），田园格局完整，为典型的丘陵山水乡村。

村庄内随处可见农耕文化遗迹，村中散落着些许传统农耕工具。依山而建的农舍所用建筑材料具有地方特色，砖、瓦、石、土的材料特征丰富，砌筑方式多样。

这里的农耕稻米文化由来已久。当地有民谣："高田种到'黄山'脚，低田种到'黄陂'边"，说的正是黄山寨和黄陂湖的稻米种植景象。

黄山寨留有唐末至清的屯兵遗迹。山上距龙泉禅寺两里（1km），有古龙王庙、龙王井及鲍家大院村地藏王菩萨庙遗迹。黄山寨也有诗人白居易著诗赞美的白虎洞、黄龙岭、鲫鱼背、乌龟眺天、石牛、仙人洞、周瑜点将台、龙王井等自然景观，是庐江县境内著名的野游地。登山步道经积年累月地民间修缮，已粗具规模（图4-2）。

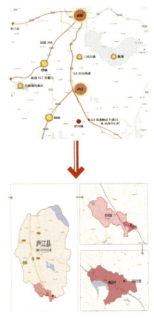

图4-1 鲍店村区位示意图
图片来源：编写组自绘

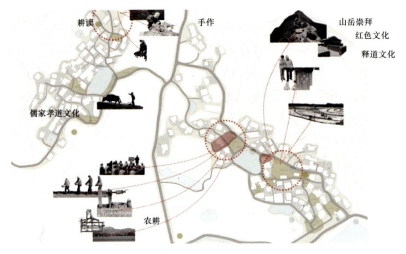

图4-2 鲍店村文化资源分布图
图片来源：《规划设计》（文本）

机遇：乡村振兴战略

随着国家乡村振兴战略的持续推进，鲍店村迎来新的发展机遇，得以重焕生机。庐江县选择鲍店村作为县域率先启动示范点，由安徽建筑大学承担了统筹规划设计工作，统筹建筑、景观、市政、水利等专项设计团队和文创运营团队组成整体的技术团队，实现对项目全程的支撑并把控项目的技术方向。在鲍店村规划过程中，"规划先行、统筹兼顾"的理念和原则一直贯彻于项目始终。

在驻村深入调查后，针对鲍店村存在的发展乏力、本底破坏、环境恶化的现实问题，设计团队提出了依托资源特色，拓展三产融合，保护生态为先，守住山水特色，完善基础配套，提升村落人居的总体振兴思路，遵循适合环境、适用技术、适宜人居的基本原则，以打造一个空间优化形态美、绿色发展生产美、创业富民生活美、村社宜居生态美、乡风文明和谐美的"五美"乡村为规划目标，将未来的鲍店村定位为集旅游度假、休闲娱乐功能为一体的新型现代化的都市美丽乡村、农民幸福家园。

规划将鲍店村分为几个部分。乡村文化体验区，打造体验乡村农耕文化的核心区；休闲养生区，利用生态环境打造适宜的修身养性康养之所；登山旅游运动休闲区，利用黄山寨的旅游资源，打造山野情趣和山岳文化。项目首先选取了阳家墩、许洼、燕窝地为村落环境提升重点区域，统筹考虑，阳家墩和许洼以文化体验及民宿功能为主，燕窝地结合竹林打造山林体验区，突出山居生活状态，形成乡村文化体验区—休闲养生区—竹文化体验区—幽居民宿区，四区联动的线形空间展示序列（图4-3）。

图4-3 鲍店村文化资源
图片来源：编写组自摄

行动实施

三个村落共性特征明显，被沟壑、山丘、等高线等自然地形要素分割，形成建筑相对集中于若干区域的现状。这既体现了地形对村落格局的影响，也展示了村落发展脉络的痕迹。村落内的建筑多为建于20世纪80-90年代的砖混结构建筑，少量为石头建筑和夯土建筑。建筑整体与地形关系融洽、村落肌理清晰。但也存在局部紊乱的现象，民宅建筑沿山坡坐落于不同高度，与道路基面交接方式较差。公共空间稀缺、场地凌乱、交通不畅、水塘淤堵浑浊则是通病。

针对自然条件特点及现状问题，在公共空间方面，整理原有公共场地，用道路串联，结合现有水塘、竹林、场院打造连续且富有节奏、有的放矢的公共空间。在交通道路方面，梳理道路等级结构，规划通车环路，完善村庄内部巷道体系，彰显山居村庄特色。在水系环境方面，调整沟通水系，扩大现有水塘，清淤整修河岸沟渠驳岸，提升村庄水景品质。基于保护山地自然环境、强化山地地形特征、展示山地村落空间布局的目的，植入村落公共建筑空间。在三个自然村塑造了21处景观节点。

水体

理水从"拦外水，疏内水，蓄雨水"三点做起。首先恢复山体生态环境，减缓山坡径流流速，建立山水—水渠—蓄水池的排水系统。在排水系统的改造时，一方面，疏通村内水渠排水，基于原有的水系系统，局部进行拓宽，建设完备的水渠系统，用于防洪排水。为了提升使用的耐久性，水渠底部使用鹅卵石铺底，侧面砌筑石块挡土坡。另一方面，在道路两侧或一侧设置路面雨水沟，汇集雨水排入水渠。水渠里的雨水再汇集到蓄水池（水塘），或者直接排入外部水系。

对于村落内的水塘，挖沟修渠，把村落外部水系引入水塘，使水塘的水流动起来。设置水塘出水口，连通灌溉农田的水渠，完成水流的进与出（图4-4）。

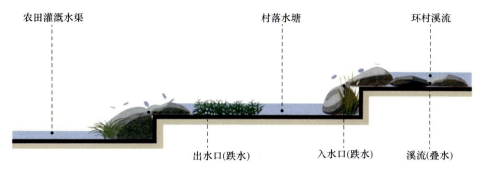

图 4-4　鲍店村引水的设计方式图

图片来源：《规划设计》（文本）

建筑营造方式

建筑肌理

建筑是村落内部的实体空间，是村落肌理的主体。由于地形对村落演变的主导作用，鲍店村建筑肌理呈现出协调自然的空间形态。但是村落空间结构的"整体性"较弱，部分区域的肌理破碎。对其进行梳理，一方面需要保护和延续肌理，另一方面也可适应新的村落结构。因此需要辩证统一地思考村落肌理的"重生"问题，既要延续其肌理，又不能一味地全盘保留。应"抓大放小，顾全大局"，保护整体肌理形态，修复紊乱的局部，小范围区域让步于整体村落结构的建立。

鲍店村对建筑单体的营造，主要有新建和改造两种。就改造而言，有两个方面，一方面改造建筑出入方式，以适应铺路等产生的地形变化；另一方面改造闲置建筑，用于满足"新功能"的设置需求。对于大空间需求的功能设置，以新建公共建筑来实现。

乡村客厅

设计要求功能满足村民活动中心、手工坊、乡村文化展览和乡村振兴讲厅等需求，建筑面积共 800m²。

在拟定地块建设乡村客厅，重点需要考虑场地地形、场地道路、建筑体量与建筑协调问题。由于场地呈南北走向，且有东西走向的等高线穿过，建筑布局只能垂直于等高线布置。又因为场地中间需保留一条道路，将地块分割成南北两块。故而设计时将建筑分为两个部分，分置于两个地块，通过空中走廊连通。这样的处理手法有助于削减建筑体量，使得乡村客厅的尺度与建筑尺度相协调。南面地块坡度较大，为了尽可能减少改造地形，南面建筑体块使用局部架空的方法来减少接地，保留场地原有的地形特征。架空层设置楼梯来解决垂直交通的问题。北面体块场地内的坡度较小，采用混凝土垫高、提高勒脚的方式来适应地形（图4-5）。

图4-5　鲍店村乡村客体效果图
图片来源：《规划设计》（文本）

村史馆

村史馆设计要求：满足展示村落历史的作用，展览方式为图片展和物件展两种，要求建筑面积120m²（图4-6）。

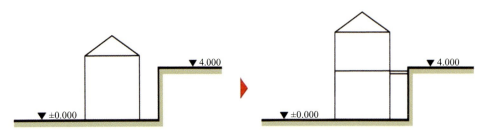

图4-6　鲍店村村史馆剖面示意图
图片来源：《规划设计》（文本）

村史馆是对一幢建筑进行改造而成，该馆为单层三间坡顶的夯土建筑，坐北朝南。开间 10m，进深 6m。建筑正面有一条 2.5m 宽的组团道路，背面紧贴着高 3.5m 的石砌垂直挡土墙。挡土墙之上是一条宽 4.5m 的主要道路。

设计构思：该建筑单层面积仅 60m²，需要将建筑加高至两层来增加建筑使用面积，满足布置功能的需求。为了使村史馆主要入口朝向主要道路，采用了"不定基面"的设计手法。把建筑的主要入口设置在北面，朝向人流主要来向的道路。使用"桥"的方式来跨过沟壑，将外部道路与建筑入口连接起来（图 4-7）。

图 4-7　鲍店村村史馆效果图
图片来源：《规划设计》（文本）

悠然山居民宿

图 4-8　悠然山居民宿
图片来源：《规划设计》（文本）

建筑坐落于高 4m 的台地，台地下是一座斜坡，建筑山墙平行于外部道路。该建筑视野极佳，在室内可观看到村落全景，还可眺望黄山寨水库和远处的黄山寨山体。未来计划将其打造成民宿，通过处理建筑与周围环境的关系，体现山居建筑的特征。原本建筑庭院入口从道路直接进入，具有一定的安全隐患且入口形象较差。为了体现山地建筑与地形的紧密联系，改变台地侧面生硬的形态并营造悠长的悠然山居民宿效果图入口形象（图 4-8），设置垂直交通弱化台地侧面生硬的形态，同时配合坡地形成曲折台阶，充分展示山地建筑的入口特征（图 4-9）。

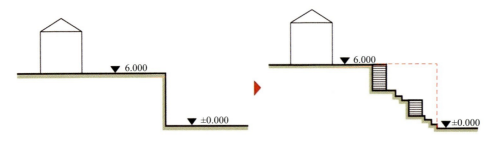

图 4-9　悠然山居民宿剖面示意图

图片来源：《规划设计》（文本）

特色景观塑造

凸显原生植物

在村落景观的塑造中，善用原本植物塑造景观。为了展现村落原本植物的丰富性，在设计中尽量避免过多的人工绿化，规划多以保护村落现存植物、体现乡土树种特色为目的，保留了近 80% 原有植物。在多处节点设计中，把原有植物作为场地重要因素进行处理。例如，中心水塘旁的竹林，设计时将其定义为"竹林漫步"的小游园，通过保留修整，成为鲍店村重要的景观节点。

村口水塘有一株古树，已然成为村口的记忆，设计通过独特的"孤岛古树"设计，营造出村口水塘景观意向。村民广场入口保留的樟树，仿佛一位热情的村民欢迎游客到来，同时也是休息区为人们遮风挡雨的守护者。

以凸显原生植物为绿化设计的指导原则，保留了大量的乔木，但是村落缺乏灌木和地被植物，往往会造成一览无余的情况，因此为村落配置了低、中、高三个层次的植物，丰富了绿化景观的空间层次（图 4-10）。

在设计中，利用植物对村落"不雅"景观进行遮挡，并弱化挡土墙。用植物强化地形起伏形态，使"升起"的地方更高，"低洼"的地方更深。例如村民广场处利用植物强调地形的高差，来强化台地景观效果（图 4-11）。

台地景观

村民活动广场是原先村落里的一座小土丘改建的。这个土丘位于村落中心位置，隔断了村落东西区域的联系。村民只能先上后下，步行通过此区域。设计把南侧降低为道路，改为沿着小土丘环绕通行，将其处理成台地，既疏通了道路，又扩大了广场面积，形成了独具特色的山地公共空间。村民活动广场的营建还优化了台地与环境的关系，给人丰富的视觉感受（图 4-12、图 4-13）。

竹林景观　　　　　　　　　　古树景观　　　　　　　　　　樟树景观

图 4-10　多层次绿化

图片来源：编写组自摄

多层次绿化景观　　　　　　利用植物遮挡不利景观　　　　　利用植物突出地形

图 4-11　构筑物景观

图片来源：编写组自摄

图 4-12　鲍店村村民广场平面图　　　　　　　　　　图 4-13　鲍店村村民广场剖面图
图片来源：《规划设计》（文本）　　　　　　　　　　图片来源：《规划设计》（文本）

① 多层次的台地景观

村民活动广场与周边环境在南北方向呈现台阶状，分别是高处的建筑庭院、广场、道路和低处的建筑，设计顺应地形起伏，把村民活动广场东西向划分为斜坡树池、健身广场、活动广场和休憩区四个区域，达到削减台地体量、适应地形的目的。

② 利用植物弱化高差

由于筑台需要使用挡土墙，往往形成大量的垂直面，设计通过植物来弱化其生硬的视觉感受。在挡土墙上设置花坛，种植低矮植物遮挡顶部。顶部花坛种植藤蔓植物，垂下的枝条起到遮挡挡土墙的作用。在过高的挡土墙墙底设置花坛，用植物遮挡墙面。

科学的运筹+精心的设计+乡民本土建构，一套组合拳借助EPC项目模式落实。短短几个月，鲍店村的面貌焕然一新，吸引了游客纷至沓来，爬山、休憩，赏乡景、体农意……带动了乡村经济，也带动了村民自发改善房前屋后环境，形成了良性循环提升，有效地提升了村民的经济收入与幸福感。现在的鲍店村，真正成为看得见乡野、听得到乡音、闻得出乡味、触得到乡情、忆得起乡愁的现代美好乡村典范。

农村改革先锋地　明光烁亮

5. 凤阳县小岗村

小岗村在变富，也在变美，有外在美，也有内涵美。40年时间，小岗村先后孕育诞生了享誉全国的"大包干精神"和"沈浩精神"，两种时代精神共同汇聚，成为改革创新、敢为人先的"小岗精神。"小岗村，已经当之无愧地站在中国农村改革发展舞台的中央。

《中国建设报》，2021年6月25日

村庄概况

小岗村隶属于安徽省滁州市凤阳县小西河镇，地处江淮流域，属亚热带季风气候。1955 年互助组成立时，因地处岗，故名"小岗互助组"，"小岗"由此得名。1978 年的小岗村一贫如洗，世代耕耘在这里的 18 名农民的"红手印"，拉开了中国农村改革的序幕。小岗人率先实行家庭联产承包责任制，成为全国农村改革的先锋。40 多年过去了，现小岗村辖 19 个自然村，有 23 个村民小组，940 户，4173 人。全村占地面积 22500 亩（15km²），其中耕地 18900 亩（12.6km²），耕地 14500 亩（9.67km²）。如今，这里发生的巨大变化，让每一位慕名而来的来访者惊叹不已。

这是一片历来具有革命精神的土地。1978 年以来的 40 年里，"大包干精神"和"沈浩精神"在这里诞生。2004 年初，安徽省财政厅沈浩同志来到小岗村任书记。在任期间，沈浩认真履行职责，竭尽全力为小岗村谋福利、谋发展。身体力行，团结并带领人民扎根基层，努力奋斗。短短几年时间，小岗村面貌焕然一新，发展迅速。而深受群众爱戴的沈浩书记于 2009 年 11 月上旬因过度劳累在小岗村突发心脏病去世。但他的精神，连同"大包干精神"，始终存在于群众心中，成为小岗村未来开拓进取、谋求发展的宝贵动力源泉（图 5-1、图 5-2）。

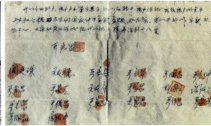

图 5-1 曾经的小岗村
图片来源："大包干纪念馆"展览

图 5-2 小岗村牌坊今昔对比
图片来源："大包干纪念馆"展览

小岗村是中国农村改革的排头兵，其发展的各个方面始终是党和国家关注的焦点，习近平总书记2016年4月25日曾到安徽小岗村考察。在改革的进程中，小岗村遵循国家发展农业的指示与政策，一直走在我国乡村发展各阶段的前列（图5-3）。

图5-3 小岗村入口空间
图片来源：村党委办提供

小岗村的发展历程

1978年以前的小岗村只有20户，共100多人，是贫困村。"粮靠转卖，钱靠救济，生产靠贷款"，是县里著名的"三靠村"。勇于改革的小岗村民于1978年底打破"大锅饭"，率先实行农村家庭联产承包责任制，实行"大包干"。次年，粮食总产量超过10万kg，人均收入400元，是上一年的18倍，扎扎实实打了个漂亮的翻身仗，在全国竖起了农村改革示范的大旗，成为传统农业阶段创收、增收的样板。小岗村位于安徽省北部，有大片平原农耕地，是安徽主要粮食基地。进入21世纪现代农业阶段，经过多年的施肥、耕种，农业生态环境破坏严重。不断恶化的农业生态环境制约着农业经济的发展，阻碍了农村现代化建设，亦不利于现代化种植业的开展，生态破坏、生产低效、生活不便的"三生"问题日益突出。如何在新时期、新技术背景下，乘上乡村振兴的快车，大力推进农村农业可持续发展建设，又成为摆在小岗村人面前的课题。

优化"三生"空间，谋定发展空间格局

通过深度谋划，分析小岗村的实际状况，项目组明确，对于小岗村而言，生产空间包括初级产业空间，以种植和养殖生产空间为主；第二产业空间，以农产品和非农产品加工业生产空间为主；第三产业空间，主要为商业、公共服务和交通用地、景区等用地空间。小岗村的生活空间包括农村生活空间和生态调节空间，考虑到小岗村未开发林地较少，生态空间以绿化和水域为主。因而，在空间规划上采取了三方面措施（图5-4）。

1. 强化生产空间。分别采取稳定初级生产空间、减少二级生产空间、增加三级生产空间的措施。自2012年以来，小岗村全面启动4300亩（2.87km^2）高标准农田整治旱涝保收工程，在2300亩（1.53km^2）高标准农田建设池塘17个，总面积约12万m^2。每个自然村建设池塘20个，总面积近200亩（0.13km^2）。通过集中整治，实现了田成方、林成网、道路连通、渠道连通、机械化农耕作业的目标。

小岗村"三级产业"空间优化需要稳定耕地面积，提高土地利用效率。农村生产空间是以提供农产品为主要功能，兼具生态功能的土地空间。小岗

图5-4 小岗村建筑

图片来源：村党委办提供

村所在的凤阳县是农业名县和国家商品粮生产基地县，主要农产品有小麦、玉米和水稻，是中国粮食百强县之一。小岗村积极发展生态农业，种植高效作物，调整产业结构，提高耕地质量，提高土地利用率和产出率。同时，发挥科技园区优势，加快科技产业孵化，提升新型农业经营主体培育能力，带动第一产业优化升级。将小岗村的第二产业向农产品加工园区集中，逐步缩小第二产业空间，优化升级产业结构。通过这样的整体产业布局，实现小岗村整体协调发展，科技服务业也有了更大的发展空间。小岗村在国内有较高的知名度，这是其得天独厚的优势，因此以旅游和服务业为重点，重点发展餐饮、住宿、商贸，大力发展第三产业，是实现小岗村三级产业空间优化升级的必然途径（图5-5、图5-6）。

2. 提升生活空间。结合土地增减和开垦，拆村合并，围绕"环境整治、基础设施建设、公共服务、文明创建"整体规划。增加绿化至总绿化面积54万 m^2。完善交通基础设施，建成全长约10km的交通大道，村内环形道路长约5km，配套建设完成了门前路与住户的连接，形成了交通便利、出行便利的路网。小岗村的规划特别关注农村人居空间与生态空间的耦合关系。

一是坚持节约集约利用土地，合理规划农村生活空间，开展"空心村"整治和社区建设，引导农民向社区和行政村集中，促进适度集中。同时，统筹抓好特色村建设，打造特色小岗村，延续村落传统肌理格局，划定空间控制边界，明确用地规模和控制要求。在规划中，注意充分保持原生态村落风貌，保留乡村景观特色，保护自然人文环境，注重融合时代感和现代感，加

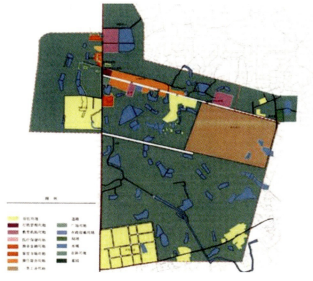
图 5-5 小岗村卫星图

图 5-6 小岗村用地现状图

图片来源：贺荔. 小岗村"三生"空间分析及优化研究[D]. 合肥：安徽农业大学，2019.

强空间利用的人性化和多元化，着力打造便捷生活圈、完善服务圈、繁荣商圈，努力让农村居民过上更舒适的生活。

二是推进基础设施建设。确定基础设施用地的选址、规模和建设标准，合理配置小岗村公共服务设施，优化改造宜居宜业的农村人居空间。致力倡导积极、健康、向上的乡村生活。打造生态生活空间，充分发挥村民公园、社区广场、路边绿化、庭院绿化、水库生态涵养林等生态功能，融入村民生活，融入生态，将生活空间与生态空间结合起来（图5-7）。

图 5-7 小岗村乡村照
图片来源：编写组自摄

3. 优化生态空间：乡村生态空间是具有自然属性、以提供生态产品或生态服务为主要功能的土地空间。小岗村生态空间以绿化和水域为主，以严格保护生态空间，融合发展生产生态空间为措施具体实施。

一是根据小岗村生态系统特点，严格保护和监管生态红线区基本农田，开展农地资源休养试点建设，掌握产业与人口规模与土地环境容量的平衡，协调小岗村经济发展与生态保护的关系。

二是通过土地综合整治，加强农村生态系统建设和保护，为小岗村产业发展提供良好的生产空间，为农村居民提供宜居的生活空间，优化改造美丽的乡村生态空间，提高灵活性。推进乡村美化，提高绿化质量，保护农耕民俗文化，营造种养结合的田园生态。通过政策支持和市场机制作用，引导社会资本发展生态产业，形成政府、主体、市场合作发展生态循环农业的工作格局。修复农业农村生态景观，依托小岗村红色资源、绿水蓝天、田园风光、地方文化等资源，推动农业、旅游、教育、文化、健康等产业深度融合。为了实现农业绿色发展，在发展过程中，防治农田污染，加强农业面源污染防治。倡导绿色生活方式，大力提高公众生态意识、环境意识和节约意识，形成了人人有责、人人遵守生态文明规定的新局面。

在严格保护生态空间的同时，整合发展生产生态空间。小岗村虽然生产空间占比较大，但其经济林和果林不仅具有生产作用，而且具有良好的生态效益。充分利用和改造现有的经济林和果林，发展园艺业，提高其景观效果和生态效益，使这种生产空间具有一定的生态功能（图5-8、图5-9）。

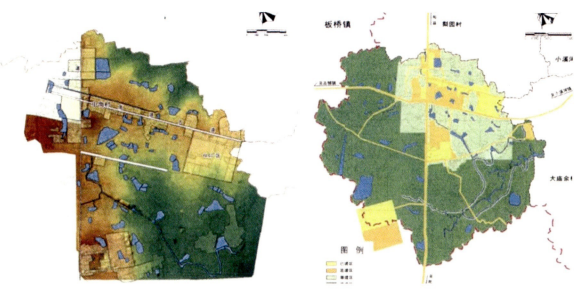

图5-8 小岗村高程分析图　　图5-9 小岗村空间管制图

图片来源：贺荔.小岗村"三生"空间分析及优化研究[D].合肥：安徽农业大学，2019.

今日的小岗

遵循科学的发展规划，小岗的"三生"空间相互融合、相互影响、相互促进。不仅优化提升了生产、生活和生态空间，更推动"三居"空间的融合发展。

生产空间：以三产融合推动现代农业转型发展。通过全域高标农田治理，大力发展现代生态农业和高效农业做优一产；通过打造小岗产业园，着力发展壮大农副产品深加工产业，招大引强加快推进重点项目建设做强二产；通过深入开展5A级景区创建、打造国家级培训教育基地和农村电商平台"三驾马车"并驾齐驱做大三产。"十三五"规划以来，小岗村村民人均可支配收入从16169元跃升至27600元，增幅达70.7%；村集体经济收入从680万元增长至1160万元，增幅达70.6%。

生活空间：小岗村在不断发展壮大过程中，加快建设完善了村民住房、农贸市场、档案馆、文化广场、卫生室、停车场等一批基础公共设施，水、电、路、气、网得到全面改善，村容村貌大为改观。近年来，为提高村民居住品质，小岗村在全村开展了"美丽庭院"改造提升行动，由家庭自愿申请，村集体对申报成功进行改造的农户，按改造结算费用的50%进行补贴，形成村主导、片联动、户参与的"美丽庭院"创建工作机制，打造一户一品、一户一景、一户一韵的美丽庭院，目前已成功创建30个"美丽庭院"示范户。

生态空间：小岗对照建设生态名村找差距，规划适宜造林地域大力植树造林，把植树造林与"三线三边"绿化提升行动、美丽村庄建设、土地整治结合起来，大力营造人工片林、森林长廊、村组廊道、村边绿地、农田林网、沟渠绿化等，选择乡土树种，宜乔则乔、宜灌则灌、宜草则草，实现全村适宜造林空间全覆盖。通过几年来的发展，全村造林总量在4500亩（3km²）以上，小岗村林业形成了以村庄绿化为点、森林长廊为线、荒山造林为块、农田林网建设为框架的点线面相结合的森林生态体系，截至2020年，小岗村有林面积已达5530亩（3.69km²），森林覆盖率已达24.5%。

今日的小岗，在政府、政策的引导下，不仅农业生产经济长足发展，乡村面貌、生态环境都显著提升，已成为安徽省现代乡村的优秀典范，乡村振兴的排头兵（图5-10）。

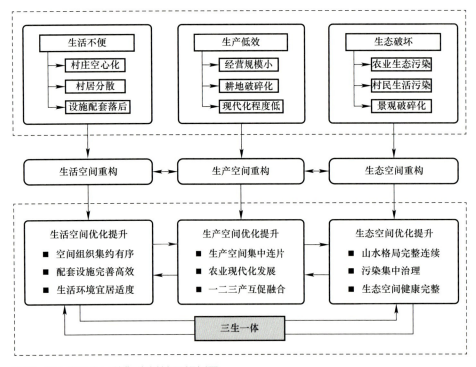

图5-10 "三生一体"乡村地区规划图

图片来源：贺荔. 小岗村"三生"空间分析及优化研究［D］. 合肥：安徽农业大学，2019.

筑梦江淮桃花源　　乡村振兴共富裕

6. 包河区圩美·磨滩

　　来到圩美·磨滩，脑海里不觉想起《桃花源记》，自己仿若成为武陵渔夫，寻到了一处人间的"桃花源"。不同于小岭南所打造的"都市里的村庄"，圩美·磨滩则用互联网+文创产业的思维，打造一处集文化体验、都市农业、乡村旅游、文化娱乐、餐饮休闲、主题度假等于一体的文化生态旅游目的地。

《合肥日报》，2023年3月24日

简况

合肥城郊的圩美·磨滩隶属于合肥市包河区大圩镇，位于合肥市滨湖城区和巢湖观光带之间，是市域旅游与环巢湖的交接点，在合肥市规划中是南淝河和环巢湖两条旅游带的重要组成部分。

圩美·磨滩4A农业旅游景区是由合肥滨湖投资控股集团有限公司投资建设的合肥市规划部署的环城乡村振兴项目之一。景区流转了大圩镇下属的磨滩村大丁、马方等村的部分土地，利用原地既有的村庄肌理和自然资源，打造集文化体验、都市农业、乡村旅游、文化娱乐、餐饮休闲、主题度假等活动于一体的文化生态旅游目的地。

景区总占地面积为4233亩（2.82km²），总投资15.3亿元。建设内容包括五个方面。

生态湿地创意休闲区占地1276亩（0.85km²），利用天然水系、树林、湿地资源打造沉浸式夜游公园、森林火车、水岸、攀爬等具有乡村原味乐趣的旅游项目。

乡村民俗文化体验村占地约370亩（0.25km²），业态包含民俗文化体验、特色餐饮、文创、主题零售、主题客栈等，让游客能够充分领略湖圩文化、民俗文化、江淮文化的魅力。

精品民宿占地80亩（0.05km²），民宿区域的建筑表皮融合了不同的设计风格，植入了具有当地特色的主题文化，让游客能够真正地体验到不一样的乡愁。

度假酒店占地207亩（0.138km²），旨在打造一个集康养、休闲、娱乐于一体的乡村轻奢度假酒店。

休闲观光农业占地2300亩（1.53km²），利用原生态农田，通过农旅融合，促进农业产业链延伸，打造创意休闲观光农业。

初识：历史沉淀

历史上与包河相关的名人众多，北宋名臣包拯、南宋丞相叶衡、抗日名将卫立煌、民国时期高级将领张广建等都与包河之地有交集。其中北宋名臣包拯，多次因铁面无私出现于文艺作品中，推高了包河的知名度。包河还有众多根植于民众的民俗节庆、传统工艺和表演艺术，如大圩庐剧、吊酒工艺、包河围棋等。包河区大圩的新民俗节庆活动丰富多彩，并且已经形成了包括植树节、菜花节和葡萄节在内的"大圩三节"的品牌和龙虾美食文化节，还有当地隆重的城隍庙"3.28 庙会"等流传至今。这些都确立了包河文化的历史地位，形成了区域文化特色，使包河具备了良好的文化根基（图 6-1～图 6-7）。

图 6-1　包拯

图片来源：编写组自绘

图 6-3　张广建

图片来源：编写组自绘

图 6-2　叶衡

图片来源：编写组自绘

图 6-4　卫立煌

图片来源：编写组自绘

图 6-5　民国宋士科旧居（合肥市仅存的一座兼具中欧风格的建筑）

图片来源：编写组自摄

图6-6 大孔祠堂
（合肥地区唯一保存较完整、面积最大、规格最高的宗庙，另外，也是合肥地区现有古建筑中彩绘规格和档次最高的。）
图片来源：编写组自摄

图6-7 卫立煌故居全貌
（整个建筑坐北朝南，是三进两院的砖木式民国建筑。）
图片来源：编写组自摄

圩，意指中国江淮低洼地区周围防水的堤。包河大圩镇属江淮地区，邻巢湖，地势低洼，坑塘水系众多，天然的地理条件也使得历史上战乱不断的地域形成了自己特有的聚落形式——圩堡。

圩堡是建在岗领台地上或者以河设障的建筑群，主要起到防范外侵作用的防御性聚落，流行于皖中西部。它因晚清时期伴随着地方团练而兴起，见证了淮军的兴与衰。现有遗存形式为：圩堡四周是深水沟壑，四角有碉堡，对外以吊桥连接，内部用地平面规整，议事、居住及训练场地有规则排列，单体建筑具有清后期江淮传统民居特色。

李鸿章、刘铭传等淮军领军人物知名度高，淮军故里圩堡特征明显，蕴含的历史文化很丰富，建筑风格拥有极强的江淮文化特质。维持"圩堡文化"诞生地地理环境原真性及建筑特征，挖掘历史文化，赋予新业态，力求将其打造成为良好的特色旅游产品。

景区涉及大圩镇的3个村地势平坦，池塘遍布，一簇簇农宅镶嵌于绿水绿树之间，远处则是大片的农田，呈现典型的江淮乡村风光。

大圩镇位于合肥市东南，东邻南淝河，南邻巢湖，区位优势明显，融合自然及人文资源，集中片区建成融生态农业、农业旅游、民俗文化于一体的农业景观区，既可为市民提供沉浸式旅游+农业体验的城市花园，亦可引领包河区的乡村振兴。

图6-8 民俗节庆
图片来源：《规划设计》（文本）

发展与特色

进入21世纪，以"一颗小葡萄"为主的现代农业帮助大圩镇圆满完成了"一次创业"历程。彼时，乡村振兴大幕揭开，风华正茂的大圩迎来了以"打造国际品质生活高地"为目标的"二次创业"之路。在合肥市乡村振兴规划布局的发展中，圩美·磨滩正在如火如荼地建设中，其建成部分已成为助推大圩镇乡村振兴的新爆点（图6-8～图6-10）。

图6-9 舞狮团队
图片来源：《规划设计》（文本）

产业规划

1. 民俗体验+旅游

依托城市近郊地理优势，以民俗记忆为触点，体现合肥大圩地区特有历史文化和村落精神风貌。业态围绕民俗文化体验、特色餐饮、文创、零售四大元素展开。业态休闲化提升，引入各类互动体验活动，增强旅客参与性，提升整体吸引力。提高农产品的进入门槛，丰富商业业态，其中包含具有鲜

图6-10 合肥古城墙
图片来源：《规划设计》（文本）

明的大圩地域特色和文化特征的原创产品。

2. 文化 + 旅游

利用合肥大圩地区的特殊圩堡文化符号，将原创设计与互动体验相结合，包含三大基本产业元素——文化体验、悠闲生活、艺术生活为支撑的主题式文化旅游闲地。开辟安徽首个以圩堡文化为主题的文艺民俗街区，从建筑形态、氛围营造、品牌组合、运营理念等多方面打造文化聚集地。

3. 农业 + 旅游

农旅融合是目前主流形式，是农业农村发展的趋势，也成为城市消费需求的热点。圩美·磨滩通过发展多项农旅融合产业，通过不同的游览路径开发农业农村生态资源，促进了乡村民俗文化的发展，对农业产业链延伸起到支撑作用。通过价值链的提升，增加农民收入，调动农民的积极性，推动农村产业升级。圩美·磨滩通过"农旅结合、以农促旅、以旅强农"，创新田园综合体＋特色小镇业态，提速大圩乡村旅游发展，将规划与运营有机结合，带动周边产业联动发展，让美丽乡村产生美丽经济。

4. 日夜及四季的活力

从白天到夜间创造连续不断的消费热点，吸引游客全时段消费；策划一年四季丰富的活动及项目，保持全年活力氛围，营造度假与产业的持续良性共生（图6-11～图6-14）。

图 6-11　有巢文化
图片来源：《规划设计》（文本）

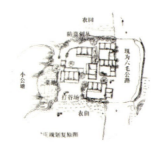

图 6-12　村庄规划复原图
图片来源：《规划设计》（文本）

图 6-13　聚落联围
图片来源：《规划设计》（文本）

图 6-14　返璞归真
图片来源：编写组自摄

景区规划

1. 场地与环境的融合，注重资源保护

注重林、水、圩等生态资源的保护，建立生态景观空间秩序，景观、建筑与乡村环境有机融合，延续原有村庄肌理，遵循最大程度保留民房建筑风貌和周边自然生态的原则。提升旅游度假区的总体环境品质，水是项目的重中之重，设计时通过人工湿地、生态浮床等方式改善生态环境。

2. 自然与人文的共生

结合现有村落自然及人文资源，整合地域文化、人文景观，围绕农业旅游文化，衍生主题旅游产品，引进极具文化参与性、互动性的项目，打造复合型集群化特色、丰富人文内涵的度假旅游区。村口博物馆、农家集市、客栈等乡村公共建筑，挖掘大圩镇圩文化、磨滩历史、人文记忆，留下乡村文脉，为村庄规划注入"灵魂内核"。

3. 功能多样，形式各异

景区内有众多功能各异的公共建筑，如以"农耕文化"和"民俗文化"为主题的原淳舍；有以"禅"为文化主题、以养生为主要功能的般若舍；有以"黄梅戏"为主题，设有艺术体验型民宿戏台的梅苑里；有以"多种文化相互碰撞"为主题，设有商务论坛室、会展中心、高端养生会所等功能的自在居；有以"书画"为主题，设有农业观光客房、扎纸艺坊、手工艺术品馆、书屋、户外婚礼、帐篷营地等，主要功能有住宿、艺术展示、书画文化展示、火笔画文化传承等的书画斋。因功能不同，建筑形式不拘一格，以在地材料及地方建构为塑形手法，与空间景观相融，镶嵌于开阔的农业景观中，与其互为景观要素。

4. 广纳贤才，各领风骚

精品民宿是"圩美·磨滩"的点睛之笔。为实现百花齐放，总建筑面积约 1.6 万 m^2 的精品民宿被分成 5 个组团，交由德懋堂、地平线、锅炉、大师等省内外专业设计团队进行差异化打造，凸显不同风格团队的设计优势，打造出风格各异的精品民宿（图 6-15～图 6-17）。

图 6-15　悠然民宿

图片来源：编写组自摄

图 6-16　遁世江南

图片来源：编写组自摄

图 6-17　回归自然

图片来源：编写组自摄

现状

现如今，沿着花园大道往东，离城市越来越远的地方，仿佛进入了陶渊明笔下的"世外桃源"，这就是唯美磨滩。这里土地平旷，屋舍俨然，有良田美池桑竹之属，是合肥市民闲暇之时争相前往的美丽乡村。在唯美磨滩项目的带动下，大圩镇磨滩等村亦实现了强调产业、调优品种、调活经营、调高效益，形成了苗木花卉、食用菌栽培和瓜果采摘三大农业产业基地，推动了地域特色文化与生态建设、旅游开发、创意产业的融合发展（图6-18、图6-19）。

图 6-18 百花齐放
图片来源：编写组自摄

图 6-19 唯美湖滩
图片来源：编写组自摄

三冲之水汇流　文明新风劲吹

7. 庐江县三冲村

三冲村新时代文明实践站以文化礼堂为阵地，通过开展"道德模范""三冲乡贤""身边好人""文明家庭"等典型评选活动，让村里的好人、能人上榜，用村民身边的"民"星带动文明新风，用生动的事例传递"草根"正能量，为村民树立看得见、学得来的身边典型，推进移风易俗理念进入千家万户。

人民网－安徽频道，2020 年 6 月 16 日

"冲"，庐江方言，指山间的平地。"三冲"，即三个山冲。三冲村是位于安徽省合肥市庐江县汤池镇的一个行政村，承大别山余脉，位于合肥、安庆、六安三市交界之处，其境域属马槽山区，四周群山环绕，重峦叠嶂。群山之中分别有江姓聚集地江家冲、林姓聚集地林家冲、涂姓聚集地涂家冲三大村落。三处村落呈扇形分布，东南边是涂家冲，南边是江家冲，西南是林家冲。三村成犄角之势，相互呼应。

村口大石碑上刻着"三冲汇流，巢湖之源"八个大字，因境内起风尖的山脚下有山泉水形成的大小支流三条，河流汇聚形成马槽河的源头，而马槽河又是巢湖南岸九大源头之一，故而有"三冲汇流，巢湖之源"一说。[①]

三冲村村域面积14.7km^2，其中，山林面积17800亩（11.87km^2），森林覆盖率达到90%以上。"七山一水一分田，半分道路和庄园"是三冲村地貌的生动写照。

近年来，三冲村充分利用当地绿水青山的自然生态优势，形成了"三生三美"的融合发展模式，将昔日的贫困山沟改造成今天的一方沃土，为乡村振兴开辟了新的道路（图7-1、图7-2）。

图7-1 茶林中的农房
图片来源：编写组自摄

① 《庐江汤池诗行里的美丽画卷：三冲村》（中安在线）。

图 7-2 村庄风貌
图片来源：编写组自摄

打造大湖之源生态村　构建皖中特色山水村

三冲村作为自然资源优越的传统村庄，利用巢湖之源的地理区位优势，紧跟政策导向。自 2010 年以来，三冲村以粉墙、黛瓦、马头墙为建筑要素，构建皖中徽派建筑群，对村内主要道路进行沥青铺装，村组道路完成硬化，村内环路就地取材用卵石铺装，保留山水特色。

三冲村还实施严格的生态保护，全面实施"农村三大革命"，对村域内河流沟渠，全部疏浚清理，建立健全生态保护长效机制，有效地保护了巢湖的源头。

打造三生三美的三冲样本

近年来，在实施乡村振兴战略中，三冲村认真审视自有资源及发展优势，拟定把"生产美"当作核心和突破口，把"生产美"当作标志和保障，也把"生产美"当作目的和落脚点。

"来三冲旅游的城里人都特别喜欢山里的土特产，每年花季我们的茶叶生意好得不得了。"三冲村民喜滋滋地说。

传统茶园焕发多元新机

三冲村以茶为主导产业，村域内的4000多亩（约3km^2）茶园坚持原地原种原产。茶园采用人工除草，不施化肥和农药。当地的高山云雾具有生长名茶得天独厚的自然环境，其盛产的"白云春毫"曾获安徽省著名商标、中国第二届农产品博览会金奖等多项殊荣。茶叶已成为村民致富的一种方式，种茶产业也成为贫困户脱贫的主要产业。由于茶园的集约种植，35个贫困家庭摆脱了贫困。从采摘到生产，再到线上线下多种渠道的销售模式，形成了专业的产业链。

同时村里找准切入点，大力发展风景经济，在重点改造老茶园的同时，通过套植珍贵树种和中药材，在原始茶园中种植"特色风景"，实现"茶在林中，林中有茶"。茶山已不再只是村里单纯的产茶区，而是一个大型的自然风景区。由此进一步提高茶产业的质量和效率，茶农增加了产量和收入（图7-3、图7-4）。

图7-3 茶园风光
图片来源：编写组自摄

图 7-4　乡游中心

图片来源：编写组自摄

冷泉润乡风

汤池温泉享有悠久的声誉，被誉为"华东第一泉"，而在美丽的三冲村，从来未曾干涸过的三冲冷泉，在春去秋来之间源源不断地滋养着村民的小康生活，孕育着醇厚古朴的原始村落。冷泉水常年保持在 9℃左右，它深蕴山中，从冷泉里流出的小溪，四季不断地穿村而过。热情好客的三冲人常以泉水煮茶待客，醇香四溢，令人回味。

乡村振兴促生旅游服务

壮丽的大自然赋予了三冲村丰富的景观资源，但过去它被困在山中，无人知晓。如今，随着乡村振兴战略打造的美景逐渐展开，三冲村已经成为远近闻名的热门旅游点，旅游人流常常处于"爆棚"状态。聪慧的村民紧跟时代发展的步伐，灵活开拓了民宿、农家乐、土特产等配套服务产业。

三冲村农家民舍基本上都是应用白墙、黛瓦、马头墙的传统徽派元素。青山碧水中的徽派建筑形象，生动展现出平和、静谧之美，原生的泥土小路、原木栈道、鹅卵石小径，纵横阡陌之间宛如错综的生命脉络，延伸在群山环抱的村落之中。

每当到了节假日，三冲村的民宿常常是一房难求。现在，配套齐全的民宿已有 10 多家，它们散落在青山碧水间，成为三冲村一抹独特的风景。

产业兴旺更要生态宜居

农村就要有农村的样子。为了维护良好生态环境，三冲村大力开展农村环境整治、农业污染治理、村庄绿化整治等实际行动，全面实施整体美、区域美、个性美工程，创造风景如画、生态宜居的美丽家园，使当代的农村越来越有吸引力。很多村民家的庭院建成后，有了精心种植的各种花草增色，使农家庭院充满活力。在三冲村，蜿蜒清澈的溪流穿过山谷，流水潺潺；两岸青山依旧，郁郁葱葱，一望无际；一个小院，白墙黛瓦，花开花落。优美的田园风光令人心旷神怡，仿佛置身于名师大家笔下的"世外桃源"一般。

在当地村民看来，其所居住的山川的价值发生了巨大的变化：在过去，仅靠砍伐树木并出售它们为生，但结果是村民变得越来越穷。后来，靠卖竹笋、白花椰菜这样的山货，算是勉强满足衣食住行；现在明白了，绿水青山就是金山银山。生态环境改善了，生态经济才能繁荣。通过保护村庄的生态和管理村庄的景观，山区的许多农民逐步实现富裕（图 7-5～图 7-7）。

图 7-5　冷泉与亭

图片来源：编写组自摄

图 7-6　溪边景观

图片来源：编写组自摄

图 7-7　村庄入口

图片来源：编写组自摄

三冲村驻村第一书记叶文江说，为做实乡村振兴支撑，三冲村突出强产业、优环境、促增收，带动了生产、生态、生活"三生同步"，既有"面子光"，更有"里子亮"，并且由一个个"盆景"，连成了一道道"风景"，形成了一片片"风光"。

三冲村"三生三美"的融合发展模式，是庐江县高位推动乡村振兴的生动写照。庐江县相关部门负责人表示，接下来，该县将加快从"生产美"迈向"产业强"，从"生态美"迈向"环境优"，从"生活美"迈向"家园好"，让农业成为有奔头的产业，让农民成为有吸引力的职业，让农村成为安居乐业的美好家园，带动全域乡村振兴，加快创出更多可复制可推广的"三冲样本"。山水相映，绿色相间。如今，一幅"产业强、生态好、景色美"的乡村振兴斑斓画卷，正徐徐绘就在庐江广袤的大地上。①

精神文明缔造和谐家园

文化大礼堂　传递正能量

三冲，不仅有"美丽人家"，还有浓浓的"文明乡风"。2018 年以来，村自筹 100 余万元，建设文化礼堂，深耕挖掘优秀传统文化和家风家训，大

---

① 三冲村的"春天里"：安徽庐江一个小山村"三生三美"的生动实践 [J]. 农业工作通讯，2021（9）：46~47.

力弘扬新时代好家风。走进三冲文化礼堂，村子的历史文化和风土民情一览无遗。文化礼堂设置了村情简介、大事记、崇德尚贤、村规民约、历史沿革等展厅，全面介绍了三冲村的发展史。在荣誉展厅，40多位好人、能人、精英等的先进事迹上榜，传递着正能量（图7-8）。

图7-8 文化礼堂
图片来源：编写组自摄

文化礼堂由旧房屋改建，面积虽然不大，只有90m^2，可影响很大。三冲村广泛地开展"道德之星""党员示范户""十星级文明户""美丽庭院""好婆婆、好媳妇"等评选表彰活动，选树一批有正气、讲文明、带头移风易俗的优秀党员和村民，在文化礼堂集中展示其事迹，用身边事身边人引导广大群众讲文明树新风。

文脉

三冲不仅山川秀丽，而且风情醉人，江仙姑、江大庙、雷打石、神韭涯、和尚塔、牛王寨、妈妈石、荒草尖等美丽传说让人回味无穷，是人们休憩、放牧心灵的最佳所地（图7-9）。

"作为道德模范上榜是一种荣誉，要继续提高！现在大家都以上榜为荣，邻里关系越来越和谐。"村民开心地说。

图 7-9 村史馆
图片来源：编写组自摄

结语

保住绿水青山，发展金山银山。三冲村充分结合自然资源优势，发展乡村旅游，全面推动农村产业结构调整，大力发展民宿、农家乐等乡村旅游品牌，成立专业合作社，带动农户发展茶叶产业，提高村民就业率。

近年来，三冲村先后被评为安徽省美好乡村省级示范村、中国改善农村人居环境示范村、安徽省卫生村、合肥市民主法治示范村、合肥市十佳净美乡村和 3A 级景区。

生态是三冲村的靓丽名片，文明是三冲村的历史积淀。现在，三冲村又入选"第六届全国文明村镇"名单。

老区贫困村的破茧蝶变

8. 金寨县大湾村

　　依托丰富的自然资源、红色底蕴和乡村文化优势，大湾村开发"大湾民宿"，推动"茶旅"融合，发展乡村旅游，成为远近闻名的"网红村"，不少村民吃上了"旅游饭"。

央视新闻网，2021 年 1 月 27 日

和煦阳光照耀下的大湾村，格外亮丽。湛蓝的天空下，干净整洁的道路，连接着崭新的民居、民宿，周边的青山色彩斑斓。

初识大湾村

"最后一把米、拿去当军粮，最后一块布、拿去做军装，最后一个儿、送去上战场"。在巍巍大别山腹地，有一片红色热土，这里是中国革命的重要策源地、人民军队的重要发源地，走出了59位开国将军，被誉为"红军摇篮、将军故乡"；这里也是首批国家级重点贫困县、大别山片区脱贫攻坚重点县，"贫中之贫、困中之困"，这就是安徽省金寨县（图8-1、图8-2）。

图8-1 大山深处的大湾村
图片来源：编写组自摄

大湾村位于安徽省金寨县大别山腹地，平均海拔800m，曾经是个贫穷闭塞的"落后村"，偶尔来辆汽车，都能被村民当成新鲜事围观半天。金寨县曾是国家级首批重点贫困县。如果说集老区、库区、高寒山区于一体的金寨，是全国脱贫攻坚的主战场之一，那曾经的大湾村就是金寨县难啃的"硬骨头"。全村1000多户村民中2014年建档立卡贫困户有242户，共707人，贫困发生率超过20%。

图8-2 曾经的大湾村
图片来源：《规划设计》（文本）

大湾村位于金寨中南部、天马国家级自然保护区脚下，总面积25.6km²，森林覆盖率达90%以上，山清水秀，景色迷人。距离国家级森林公园、5A级景区天堂寨约20km，周边有燕子河大峡谷、响洪甸水库、梅山水库等4A级景区，与3A级景区马鬃岭、茶山花海、天水涧等毗邻。村内拥有十二檀古树群、白水河大湾漂流、马鬃岭大峡谷、帽顶山等丰富的绿色旅游资源。

大湾村内还有原安徽省工委驻地（红军32师驻地）、六安六区十四乡苏维埃政府及卫生所旧址等多处红色旅游资源。位于大湾村的汪家老屋是中共鄂豫皖区委员会旧址，李先念、董必武、叶挺等老一辈革命家，都曾在这里工作和生活过。汪家老屋见证了中国共产党在大别山轰轰烈烈的抗日救亡运动，这里是共产党领导大别山抗战的一盏明灯。

大湾村还是旅游通道X057和有着"华东最美自驾游线路"之称的金寨中国红岭公路的重要节点，距G42沪蓉高速古碑出口仅18km，省道S447穿村而过，区位优越，资源富集，交通便利（图8-3、图8-4）。

图8-3 大湾村区位示意图

图片来源：编写组自绘

图8-4 大湾村风景

图片来源：编写组自摄

大湾村机遇

2016年4月24日，习近平总书记来到金寨县，瞻仰红军纪念堂，参观金寨博物馆，实地走访花石乡大湾村，慰问了汪家老屋内居住的村民，同当地干部群众共商脱贫攻坚大计，同时也把党中央的亲切关怀和脱贫致富的决心深深植入大湾村群众的心田。习近平总书记指出，全面建成小康社会，一个不能少，特别是不能忘了老区。

殷殷嘱托犹在耳，撸起袖子加油干。2016年，大湾村被安徽省旅游局评为旅游扶贫重点村，在精准扶贫政策的指引下，深入践行"绿水青山就是金山银山"理念，坚持"山上种茶、家中迎客、红绿结合"的发展思路，大力发展生态农业和乡村旅游。

大湾村农民安置区

大湾村农民安置点位于原大湾村西侧,为了保证村民的居住安全、改善居住条件,安置对象为原散居深山的村民及挤居于汪家老屋的村民。建立大湾安置区,是脱贫解困、发展大湾村经济的第一步(图8-5、图8-6)。

地域文化的风貌延续

所谓"一方水土养育一方人",在漫长的历史进程中,地方民居、民风民俗、饮食、方言、生活习惯等地域特质逐步演化,形成了独特的地域文化,成为皖西文化的重要组成部分。

大湾村安置点民居建筑形式结合当地老百姓喜闻乐见的建筑形式,进行传承与创新。采用传统硬山坡屋顶形式及坡度,局部设置平屋顶,解决晾晒并放置太阳能,丰富了建筑造型的层次感。经过充分的实地调研与分析,选取村民喜好度最大的白与灰为主色调,

图8-5 大湾村巨变
图片来源:编写组自摄

图8-6 如今的大湾村
图片来源:编写组自摄

白墙灰瓦与远处青山色调相融。建筑局部结合当地特征元素马头墙和防御射击孔进行抽象化处理，形成其独特的地域特色，延续地域文脉。户型设计结合村民的生活习惯与生产方式，以皖西大屋传统变异尺度的天井组合农宅空间，保留当地餐厨融合的大厨房空间，利于村民延续"吊锅"的餐饮习惯。正是天井与大厨房的空间，为后期村民利用自家农房发展民宿，提供了丰富空间与展示地方乡村特色的可变空间。

自然生态的在地维育

大湾村农房安置区、汪家老屋及原有村落水口，位于三面环山、一面临水的山间腹地，呈三足鼎立之势。选址体现了皖西村落选址布局对自然山水的尊重，是对当地人文景观的传承，体现了地域文化特色。水口不仅是皖西聚落的人文景观的体现，也是生态景观的重要体现。同时，水口作为对外展示村庄风貌的重要区域，充分体现村庄的地域性特色，展现村庄自然、生态风光。在大湾村安置点的整体规划上，水口结合村口绿地配置地方特色植物（如毛竹、香樟、桂花等）为主，园路材质的选择以地方特色料石为主，彰显乡村特色，打造乡村的独特风格。农房安置区依山就势，延续山坡高差等高线，蜿蜒形成台地，一栋栋建筑错落有致，与水口景观呼应。汪家老屋为典型的皖西大屋形制，清空的汪家老屋按文物标准修缮，作为红色基地、农耕展示及民宿使用。大湾村农房安置区、汪家老屋与水口，结合地形地貌，在保护现有村落格局与环境景观前提下，强调村落整治与水、林、田间的有机互动和生态保育，通过传统与现代、自然与人文的共生融合，形成了绿色生态的人居环境。

大湾村民宿开发现状

安徽省民宿的蓬勃发展以及政府的高度重视为大湾村提供了良好的外部环境和发展机遇。大湾村作为安徽省首批特色旅游名村，民宿从无到有，如雨后春笋般快速兴起。2017 年，大湾村旅游发展公司成立，将村里的集体房屋改造成大湾民宿，既增加了村民的经济收入，又为当地群众发展民宿作示范。大湾民宿在 2019 年入选首批安徽省省级休闲旅游示范点。紧随其后，由大湾村群众自行开办的民宿，如"细雨农家""新云小院""情宿大湾"也挂牌经营。目前，全村共有民宿、特产店等旅游接待场所42家，提供近500个床位，集体经营、村民自营、企业运营的民宿百花齐放，成为大湾村发展乡村旅游的特色名片和靓丽IP。转眼间4个春秋已过，大湾村实现了从贫困到小康的"蝶变"，曾经的荒山坡上挺立着白墙黑瓦的迁居农房，崭新的大湾村游客接待中心拔地而起。来自天南海北的游客在这里远眺雄伟的马鬃岭，近看山村的小桥流水，倾听大湾村脱贫致富奔小康的新时代故事。

大湾民宿的经验启示

深入文旅融合，彰显地域文化内涵

大湾村积极挖掘遗留在乡村中的各类历史遗迹、文化资源，诸如红军故事、历史名人等。在保护与传承基础上，进行创新设计，通过电影、民歌、节庆活动等形式直观地展示在游客面前。在民宿中利用空间组织，将生态、饮食、民俗、红色文化等完美融合其中，借助民宿的建筑外观、室内装饰、色彩搭配、景观小品将地域文化完美呈现，做到"文"和"宿"有机结合（图8-7）。开发民宿产品，以地域文化为根基，结合时代特色，用继承、发展的理念，不断完善现有产品结构，进行创新；充分利用各类资源设计与文化相关的旅游体验及参与性活动，例如让游客体验果蔬园观光、民俗表演等（表8-1）。

图 8-7 大湾村民宿
图片来源：编写组自摄

地域文化融合民宿开发一览表　　　　表 8-1

地域文化	民宿融入点
建筑文化	拯救老屋行动：保留原民居、闲置住宅建筑风格，并进行改造翻修，重构传统徽派建筑形态特征。因地制宜，就地取材，将徽派建筑精髓的"三雕"融入室内装饰中 传统与现代融合：利用现代的工艺、建筑材料或结构将传统的地域元素和文化形式进行传达，对文化进行提炼及创新，让旧时光的痕迹得以保留
生态文化	容纳自然山水要素为民宿的空间意象组成 营造"宿在民居、乐在乡间、游在山水"的优美意境
饮食文化	设计主题餐饮：开发红色主题餐饮系列，茶主题餐饮系列 营造餐饮文化：开发创新餐饮用具、用餐环境 创新地方菜品：如"吊锅宴""十大碗"等多种本地土菜产品

续表

地域文化	民宿融入点
农耕文化	农家乐：山野采茶、采摘蔬果、渔家垂钓 农副产品销售：开发民宿伴手礼，代售乡村农产品 举办农业节庆活动：油菜花节、采茶节、开秧门节、农产品展示展销农业嘉年华、农田马拉松
民俗文化	开发特色旅游街：沿大湾民宿至寒山居民宿打造吃、乐、住、行、游、购于一体的主题文化街区 民俗体验活动：婚礼婚俗体验，参与文化民俗表演 衍生文创产品：开发具有大别山及大湾村特色的手工饰品、布艺编织手绘作品等
红色文化	营造红色主题的民宿内部场景 开展红色之旅活动

坚持差异多元化，培育精品特色民宿

个性化、主题化是民宿发展的趋势，大湾村民宿依托当地特色产业和地域文化，坚持差异化理念，开发以不同文化为主题的特色民宿，一户一特、一宿一品，走多元化特色发展之路。茶产业是大湾村非常重要的产业之一，民宿主人可以打造以茶文化为主题的"茶韵农吧"，以茶文化为载体，将民宿的庭院、墙面、路旁造型景观与绿色茶园、石阶、花草、流水融为一体；同时可以开发茶文化体验区，为游客提供与茶文化相关的采茶、赏茶、泡茶、品茶、茶叶衍生品制作等体验活动，让消费者在享受田园风光的同时深入感受茶文化的底蕴（图8-8）。以汪家老屋为中心改造的民宿群，开发为传统民俗院落与红色体验文化相结合的"红色农家小院"，继续挖掘红色文化，从建筑小品到室内装饰融入红色元素，收集红四军抗日时期的资料以及老物件，开办红军精神大讲堂、红军书屋，设计红色文创产品，丰富民宿文化内涵，让游客通过民宿铭记红色历史，重温峥嵘文化（图8-9、图8-10）。

图 8-8 大湾村山茶
图片来源：《规划设计》（文本）

图 8-9 大湾村农产品展销
图片来源：编写组自摄

图 8-10　大湾村地域文化民宿
图片来源：《规划设计》（文本）

创新民宿业态，延伸生态旅游产业链

近年来，新业态民宿受到越来越多自驾游客的青睐与好评。大湾村引领村民不断创新民宿业态，除提供基本的住宿和当地美食外，还注重与其他产业联合经营，延伸旅游产业链，优化"民宿＋"产品。利用马鬃岭、天堂寨等旅游景点的集客效应，将周边的旅游资源串珠成链，打造以休闲度假、山水观光、乡村旅游为特色的旅游经济走廊。同时有效利用近两年大力发展的生态农业，包括1500亩（1km^2）高标准密植茶园、50亩（0.03km^2）的金丝皇菊、12亩（0.008km^2）灵芝种植基地，以及村子周边的山上野生猕猴桃、山核桃，将观光、采摘活动融入其中，逐步形成了"民宿＋农业"的旅游特色。漫步天马国家级自然保护区，驰骋红岭公路，信步沿溪绿道，采摘四季果蔬，徜徉皇菊花海。将民宿打造成综合性的微型旅游目的地，让民宿成为提升游客旅居新体验的一种度假生活方式（图8-11）。

图 8-11 大湾村安置点
图片来源：编写组自摄

实现集聚化发展，提升品牌效应

当精品特色民宿达到一定数量、民宿+产业成熟后，即可形成从点到线再到面的民宿集聚区，进而实现接待能力大规模提升。聚集效应，既可以促进乡村地域文化的嬗变、传承与振兴，也可以进一步提升整个民宿集聚区在旅游市场上的区域影响力。

新时代的大湾村

如今的大湾村已成为热门旅游打卡地，全村共有 34 家农家乐，民宿有近 500 个床位，在大湾村吃住游的游客可达十几万人次。"中国特色村""全国乡村旅游重点村""中国美丽休闲乡村""国家 3A 级旅游景区""中国生态文化村"……曾经的贫困村如今收获了一个又一个殊荣。在全国脱贫攻坚总结表彰大会上捧回的"全国脱贫攻坚楷模"荣誉称号，更是全村人的骄傲与自豪。

建田园综合体 筑农、学体验基地

9. 长丰县马郢村

曾经乡村没有产业，只有无法机械化耕作的丘陵；曾经乡村交通闭塞，基础设施落后，村民纷纷外出打工……近年来，长丰县坚持全局谋划，实施宜居宜业计划，统筹推进乡村振兴，一个又一个农家院富起来，一座又一座村庄华丽变身，不仅村容村貌变整洁，村民腰包也鼓起来了。漫步美丽乡村，这里就有你想要的诗和远方。

《合肥晚报》，2021年8月19日

村庄概述

马郢村（社区）原为安徽省长丰县杨庙镇重点贫困村，为取得脱贫攻坚战的胜利，2016年，在扶贫驻村干部的推动下，启动以脱贫攻坚为核心的"马郢计划"，通过"助学助农助村"三项措施调整农村产业结构，帮助村民脱贫致富。经过几年摸索前行，马郢通过"乡村体验游""周末亲子游"等农耕体验项目使原本寂静的贫困村脱贫摘帽、远近闻名。2019年，在国家乡村振兴战略指引下，合肥市长丰县规划围绕马郢建设农业综合体，全面实施马郢的乡村振兴，带动周边乡村发展。

马郢村位于合肥市北部的长丰县杨庙镇，东邻蚌合高速，近邻合肥绕城高速公路口，区位优势明显[①]。属江淮流域，气候温暖，降水充足。

村里老辈流传下来"老马识途"源于马郢的典故。杨行密是五朝吴国开国元勋，传说高大威猛、力大如牛，一次带兵行至马郢一带时，队伍迷失了方向，杨行密即命让当地老马走在队伍前面，果然，队伍很快便找到了路。杨行密成功地以"老马识途"解决了兵马迷路的难题，而善于观察、善于学习、善于积累的智慧经验也在马郢代代相传下来（图9-1～图9-3）。

图9-1 马郢村区位示意

图片来源：编写组自绘

图9-2 杨行密画像

图片来源：编写组自绘

图9-3 村庄文化

图片来源：编写组自摄

---

① 文化和旅游部. 国家发展改革委关于公布第二批全国乡村旅游重点村名单的通知.

规划设计思路

马郢农业综合体的设计理念为"在城市和乡村之间架设一座桥，通过这座桥，打通城市与乡村的连接障碍，让城市与乡村的资源得到有效的互换和互补"。通过调研，梳理马郢的人文与自然资源，明确以"马"和"花"为主题设计元素[①]。围绕"助学助农助村"开发业态，规划设计农业综合体。

花可以愉悦心情，提升幸福感。马郢村以鲜花为主题，打造浪漫花海、五彩花田等景观中心，让游客踏花而来，恋花而去。通过花卉景观的营造，旅游产品的设计，让场所弥漫浓郁的花香，游客亦可通过香水的制作，获得难忘的旅行体验。

马是诚恳和力量的象征。马郢村通过物象还原、实景再现等方式再现马耕场景，使人产生马与"农"、马与"历史"、马与"旅游"的联想，展示当地的"马文化"（图9-4）。

图9-4 马郢村规划平面图
图片来源：刘慧.田园综合体中农园文化的研究与实践[D].合肥：安徽农业大学，2019.

---

① 刘慧.田园综合体中农园文化的研究与实践[D].合肥：安徽农业大学，2019.

乡村综合体的规划涉及乡村居住、乡村旅游和农业生产三个方面。规划结合各种资源分布和场地现有空间布局，以"少拆、细修"为原则，架构"一轴、二带、三片、四心"的规划布局。

一轴：在场地内按主干道自西向东划分，设置为乡村发展轴线。

二带：结合农村自然资源和项目现有产业空间布局，规划"滨水生态景观带"和"工业生产景观带"两条景观带。

三片：根据村现有资源，重点开发以高效农业生产为核心，结合现代农业旅游体验的现代农业片区；以农田艺术旅游、果树采摘、农事体验为主的田园旅游片区；以研究体验、乡村创意文化开发和商业购物为主的休闲旅游片区。

四心：在马郢村的原规划中，只设置了一个旅游发展核心。为让游客更深入地体验马街村的民俗风情，了解"园"在农业园区文化中的内涵，将乡村旅游产业与房地产紧密结合（图9-5），增设了3个社区发展核心。

图 9-5　马郢村总体规划布局图

图片来源：刘慧.田园综合体中农园文化的研究与实践［D］.合肥：安徽农业大学，2019.

按照"一轴、二带、三片、四心"的空间结构，在遵循"马郢计划"、传承乡村风貌的前提下，规划为五个功能区，即研学主题乐园、林地探险区、现代农业种植区、智慧农业示范区和田园社区。

研学主题乐园

耕读研学是马郢村的发展基础。研学主题乐园根据村内资源分布现状，分为花卉观赏区、综合服务区、共享生态农业区、乡创文化区。

林地探险区

利用原有东、西两处林业资源，结合规划中旅游核心发展区的位置，将林地探险区设为东部林地区域，保留原有的跑马场、马郢剧场，增设小小童子兵、中药园、葫芦认养处、动物乐园等项目。游客于林地探险区内既可以进行骑马体验、中药采摘，还可以感受民间曲艺的魅力。

现代农业种植区

利用原有连续的田地，设置现代农业种植区，统一规划管理，展现原始的田园风貌。其道路设置多根据现有田埂走向，充分尊重场地地形环境。

智慧农业示范区

将物联网技术与农业生产养殖相结合，通过新型科技，确保农产品的绿色健康，提高农民的生产效率，并通过智慧经济，开拓新型营销路径，提高农民收入。

田园社区

马郢村既有居民点较零散，为了提升乡村资源利用率，规划将部分居民点整合、提升为3大田园社区，结合周边环境特点，分别设置为生态疗养型社区、农园体验型社区和艺术文化型社区（图9-6、图9-7）。

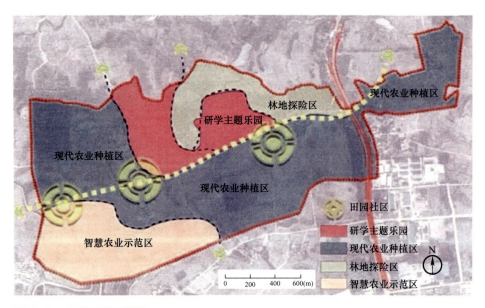

图9-6 马郢功能分析图

图片来源：刘慧.田园综合体中农园文化的研究与实践[D].合肥：安徽农业大学，2019.

图9-7 马郢田园社区
图片来源：编写组拍摄

如今的马郢

走对发展之路的马郢，近几年发展迅猛，实现了农村生产、农村生活、农村生态乃至农村文化的全面振兴。如今，马郢已是全市乡村田园综合体发展的创新样板，全县乡村农旅融合的新典范，更是周边乡村产业振兴的新引擎。

1. 乡村旅游开始，市民向往的多彩乡村日趋成熟

无锡阳山、浙江笕川等地的田园综合体建设实践，都充分体现出发展乡村旅游是建设田园综合体的重要突破口，是振兴乡村的重要路径。马郢村没有丰富的旅游资源，但通过创意创新结合环境利用，以文化发展为特色，以体验农耕为内容，以田园牧歌为形象，将寂寞的杨树林、空荡的田野、杂乱的农舍等都变成了景点，变成有验可体，有情可寄的资源。马郢按照旅游产品的一般规律，研判周边城市特点，预设合理的投入产出，以市民需求为方向，以乡村资源为对象或背景进行产品设计，推出休闲农业、饮食文化、民俗风情、特色民宿等系列旅游项目。根据"无中生有""突出特色"的开发策略，引入资金打造绿色小马、扶贫驿站、主题小院等别具一格的文创旅游

产品，塑造个性化的乡旅品牌。2017年，马郢吸引游客人数达40000多人次，创造旅游收入近380万元，带动15户贫困户成为产业能手或创收大户，38户贫困户通过务工、土地及房屋入股等多渠道增收40多万元（图9-8～图9-11）。

图9-8 改造前的马郢村
图片来源：村部展览

图9-9 农房新貌
图片来源：编写组自摄

图9-10 村行政中心
图片来源：编写组自摄

2. 随着农村生产的发展，三产融合的农村产业结构初具规模

与单一旅游村的产业局限相比，田园综合体注重三产融合，强调以农产品加工、包装、物流等生产生活服务促进农业现代化和城乡一体化。马郢耕地面积大，当地农民过去仅仅依靠传统种植业维持较低的收入。自2014年底，市选派干部挂职村书记，镇村两级干部分头推动，群众发展意识与村庄发展条件实现同步提升。高标准农田、大棚种养等现代农业生产模式呈现规模化发展，农业合作社、农村电商服务平台日益专业化。

马郢在乡村振兴中坚持向创新要动力，长丰县最具影响力农产品——无公害草莓在该村通过技术创新和产品嫁接，形成草莓多季种植、草莓盆艺和草莓创意手工，使原始产品的产量和价值增长数倍。经验丰富的文创设计师走入马郢，保证了村庄高品质的乡旅规划；独具慧眼的艺术家、专家驻点村庄、深入农户，使乡村的角角落落，农户里里外外充满艺术气息。绽放的乡村美，推动餐饮、住宿、交通及生活服务等衍生产业联动发展。通过农旅融合，培育新兴服务业，提高农产品附加值，马郢生产发展找到一系列新动能（图9-12）。

图9-11 入村标识
图片来源：编写组自摄

3. 文化价值在乡村振兴中持续彰显

乡愁，客观载体正是表现各异的乡村文化。在自然田园中，挖掘传统文化、展示现代文化，能引发人们最本真的感悟，发现最愉悦的心灵归属。文化是城乡交融的重要媒介，因此被马郢列为乡村建设的重中之重。借助种种形式的文化活动，乡村废弃房改造成了文艺支教点，农舍院墙成了天然田园画布，闲置的民居变成活跃的展馆、体验室，整个村庄更是摄影家、高端影楼的"外景基地"。马郢的文化繁荣印证于乡村各个细节，农户自建的农家乐纷纷以戏曲、陶艺等不同文化为主要设计元素；质朴的村民与儿童守护乡村公约，热诚欢迎游客；曾经的贫困户创业致富后，不忘回馈集体和帮助乡邻。通过文化活动，城乡融合的"深度"与"频度"日益加强，马郢的知名度和美誉度与日俱增，城乡一体化和乡村全面发展从概念走向具体的行动。

图 9-12 民宿及美学馆
图片来源：编写组自摄

为守护乡村文化的原生态，马郢坚持以"志愿者＋社团＋游客"的微商业化发展模式，营造自然、纯朴的文化氛围。形成社团搭舞台、游客融入村民唱主角的戏曲班、舞蹈队、乡村剧场等。诸多散发着乡土气息的文化形态，将不起眼的马郢快速推向国家级大舞台，鼓舞更多人走上乡村振兴的"造梦舞台"（图 9-13、图 9-14）。

图 9-13 织染体验及农事展览馆
图片来源：编写组自摄

图 9-14 宣传栏及室外小院
图片来源：编写组自摄

巢湖北岸　历史与现代的碰撞交融

10. 肥东县山口凌村

为了改变旧貌，山口凌村启动农环整治工作：从村民房前屋后抓起，拆除危房及无功能建筑，清理垃圾，清除沟塘淤泥；硬化道路，修建污水管网，改水改厕，开展绿化亮化……村庄人居环境焕然一新，迎来了美丽蜕变，成为省级美丽乡村中心村建设典范。

合肥在线，2020 年 5 月 19 日

区位：白马山下的竹木苍翠

千年古镇长临河，位于八百里巢湖的北岸。山水相依的山口凌村就坐落在临湖的白马山下。《凌氏宗谱》记载，"黄山之西巢湖之北沃土相连，层峦叠嶂，诸峰不一，如棋布挂，有山口形焉，凌氏傍山而居，故名山口凌。"

山口凌村在合肥一小时生活圈范围内，在这里既可以感受到历史遗留下来的文化芬芳，也可以享受湖岸山野的乡居生活（图10-1）。

图10-1 山口凌村区位示意
图片来源：《美丽乡村设计》（文本）

历史：小村庄的文脉传承

据史料记载，明末清初，有十余户凌姓人家，因战乱由徽州（今黄山歙县）迁徙至此，逐渐繁衍生息至今。村中唯一山路是祖辈择"风水"在村西头山坡开凿而成，形成道口，故名山口凌。该村现有百余户村民。山口凌依山而建，群山环抱，芳草萋萋，村内共有9条巷，巷口设门楼，9条自高而低的巷与中部水塘形成"九龙攒珠"布局。遍布村边的天然水系利于田园灌溉，村内水塘满足村民的生活用水。山口凌祖先择地而居时，认为：此地是过山龙地形，大沙坝和小沙坝交汇处为"龙脉"；西边岗和东边岗分别为"上颚"和"下颚"；村东边的小塘和实塘为"龙眼"；村南面的小坟地形如"龙舌"。因而最终将村建于"过山龙"龙口的位置（图10-2、图10-3）。

山口凌的村民淳朴、善良，崇文好学。古代村民凌先耀，金榜题名，朝廷封为"文武状元"。解放初期，村民凌先祥等8位才俊跨进高等学府，人称"八大才子"，才华横溢，闻名故里。新时代，山口凌村人才辈出，分布世界及华夏各地，尽展风采。

图10-2 山口凌村鸟瞰及标识
图片来源：编写组自摄

图10-3 百年古井
图片来源：编写组自摄

改造：设计理论的执行

山口凌村背靠大架山，蜿蜒而下的9条巷汇聚在村中水塘，形成了巢湖环岸传统村落典型的"九龙攒珠"布局。经过数百年的岁月变迁，如今村庄"九龙攒珠"典型格局保存完好，但建筑已各式杂呈。恰似伫立山间的小姑娘，虽发丝零乱但质朴依然。

为了发展乡村经济，完善合肥周边乡村旅游体验，在乡村振兴的政策引领下，山口凌制定了融入合肥"慢生活"经济圈的发展定位，启动了村庄的美化与环境提升项目（图10-4、图10-5）。

图10-4　昔日旧屋
图片来源：编写组自摄

图10-5　今日新颜
图片来源：编写组自摄

设计理念

对历史悠久且保留有传统村落特色的村庄来说，村庄的环境改造一是要体现地方传统建筑文化的传承，二是要坚持可持续发展的理念，三是要融入现代功能与技术于乡建。乡建是延续乡村文脉的重要表达方式，能够通过对既有建筑进行更新改造，为"老建筑"注入新功能、塑造新形态，使其为现代需求服务，焕发出新活力。遵循上述设计理念，山口凌村的升级改造采用现代设计手法与传统营造相结合，展现历史与现代的碰撞与交融。

延续乡土文脉。乡村错落的肌理与自然的环境相适应，在长期的建造过程中不断自我调整，自发形成了一种稳定的状态。保持山口凌村的村落格局与建筑肌理，通过对乡村既有建筑进行改造，既保存建筑存在的价值，保留原始乡村的视觉和知觉体验，又延续传统建筑的整体形式和风貌，提升现有村民的生活品质，保持乡村特色长远发展。

适宜的建造工艺。传统建造工艺应对当地的自然环境和气候的经验积累，是基于当地材料创造的工艺文化。在不同地域环境下形成的形式各异的建筑促进了丰富的建造工艺的形成。提取适应地域和气候的建造技术并加以优化和利用是建筑可持续发展的重要方式之一。

与环境亲切对话。山口凌村的改造中，利用旧建材、传统建构技艺于新建筑、新环境中，既节约资源，勾起"乡愁"，与传统对话，也延续老建筑的肌理与色彩，与环境对话。村内的改造更新或是新建的公共建筑，虽满足现代功能，也保持与村内老建筑的尺度、色彩协调，并注重对环境景观的回应，做到抬眼即景，步移景异（图10-6、图10-7）。

图10-6　旧房土岗

图片来源：《美丽乡村设计》（文本）

图10-7　岗上新貌

图片来源：编写组自摄

内涵：设计内容的诠释

乡村建筑是地域环境的产物，受当地气候、材料、人文环境等方面的影响较大，而乡建的丰富多彩也得益于在地条件的独特性（图10-8~图10-12）。对山口凌村进行改造更新中，顺应当地的自然地貌，与当地的自然环境融合，尊重当地的乡土文化，从建筑的建造技艺、空间构成、材料运用等方面去考虑，与环境的适应性主要体现在以下3个方面：

图10-8　草堂室内
图片来源：编写组自摄

图10-9　溪畔草堂
图片来源：编写组自摄

图10-10　乡建学堂
图片来源：编写组自摄

图 10-11　村中民宿
图片来源：编写组自摄

图 10-12　凌家客栈
图片来源：编写组自摄

一是功能空间的适应。随着经济的发展，传统的建筑空间已无法满足村民对丰富多彩的现代生活方式的需求。对山口凌村内建筑进行功能置换，使其具有多样的空间，以适应当前丰富多彩的乡村生活。

二是结构的适应。村内建筑的结构由于长年累月的使用，出现了不同程度的损坏。通过对不同建筑进行评测，选择结构的改良修复或植入新的结构体系。村民对改造后的建筑有更高的要求，其空间需要更加灵活和开放。而这些新的空间尺度和形态均需要相对应。

三是材料的适应。建筑材料是建筑呈现的物质基础，材料的运用是表达建筑形式与文化的方式。山口凌村在地材料与传统建构方式饱含着村民的家乡情结，在地材料的运用对乡土文脉和地域性的延续起到重要的作用。山口凌村的改造升级中，一方面运用新型材料，体现建筑的可塑性以及建筑性能，另一方面沿用在地材料及传统建构体现山口凌村传统特色，两者结合灵活运用，乡村复兴建设具有当地显著特色。

展望：政策主导下山口凌村的现实意义

随着山口凌村面貌的改变，合肥市提出了打造合肥周边乡村游的规划，山口凌所在的长临河镇提出"四大精品目的地"目标，即精品研学目的地、精品旅居目的地、精品团建目的地、精品会议目的地。山口凌又在乡村振兴的大道上迈进（图10-13～图10-15）。

图10-13 草堂入口
图片来源：编写组自摄

图10-14 民宿庭院
图片来源：编写组自摄

图 10-15 户外帐篷营地
图片来源：编写组自摄

1. 加快建设高品质山口凌旅游产品

建设多元山口凌产品。明确山口凌产业的定位、规划和实施路径，积极招引复合型研学产品，加快山口凌设施建设和提升。

2. 推动山口凌文化资源价值转化

推进文化元素转化为旅游产品。加快文化体验载体培育，推进镇域文化资源有形化，营造良好的文化体验氛围。

3. 全面构建山口凌旅游宣传体系

以精准营销提升推广效率。开发一批以"四大精品目的地"为主题的旅游系列产品和主题线路，精准选择镇域旅游推广经验丰富的合作机构，精准区分产品主题和推广对象。

在政策的主导下，在合肥市政府的大力推动下，山口凌村越来越美。山口凌村的乡村改造为长临河镇赢得了巨大的乡村旅游资源，乡村旅游品牌初步形成，结合省级第一批全域旅游示范县创建和打造"四大精品目的地"目标，全面扶持乡村旅游不断发展，推动长临河镇旅游经济稳步提升，在全省乃至全国的知名度、美誉度进一步提高，走出了一条富有长临河镇特色的山区旅游发展道路。

激活乡村"沉睡资源" "空心村"蝶变"打卡地"

11. 合肥蜀山区小岭南

"白茶清风无别事，我在等风也等你。"见到这句话，意味着你已经身处安徽省合肥市新晋"网红"小岭南。每逢节假日和周末，如织的游人或在文艺标语下、咖啡店中，或在农舍旁、田地间，打卡留念。小岭南，位于安徽省合肥市蜀山区马岗村小岭南村民组。2018年，地处蜀山区乡村振兴示范区启动区的小岭南按照"修旧如旧，留住乡愁"原则，打造具有江淮地区特色的村落。

人民网－安徽频道，2021年3月3日（陈浩、李希蒙）

初识：没落的村庄

合肥市大、小岭南位于合肥市蜀山区小庙镇马岗村（图 11-1）。依托于国家乡村振兴战略、合肥市美丽乡村建设规划以及蜀山区创建绿色生态城区等目标的总体规划架构下，推行蜀山区生态休闲区的建设。从小庙镇北部的生态廊道延伸至江淮运河终点，以形成"C"形的环蜀山生态文化休闲中心，并倡导"合肥慢乡，慢在蜀山"的口号，将小庙镇区归纳至"五区十村"中的范围之中，并以公园为发展目标与城市相连且构成共荣共生的格局。作为该规划中重要一环中的组成部分，又处在江淮分水岭的腹地上，该项目是在改善大小岭南人居环境的基础目标上，结合村民共生共赢，集生态环境、农业生产以及乡村生活于一体的景观规划设计。

大、小岭南位于江淮之间，因地形差异形成了岭地、田地、洼地和平地四类地貌特征，由此也构成了林地、农田、水塘和草坪风景（图 11-2）。

图 11-1　小岭南区位示意
图片来源：编写组自绘

图 11-2　小岭南旧貌
图片来源：《规划设计》（文本）

探索：深挖历史文化

大、小岭南村内历史悠久，文化资源遗存较为丰富，分别与地理条件、历史事件和农业生产等因素相关联。

曹操河遗址：此河流最早可追溯至三国时期因开挖运河连接的是南淝河与北涨河，这也是合肥城市名最初的由来，该地也被称为"合肥之源"（图 11-3）。

凤凰墩遗址：该遗址也处高地，曹操运河南岸的最高点，也称凤凰墩。在此可以眺望合肥大蜀山和小蜀山，其名称来源与"凤凰歇脚"的坊间传说有关，一说因凤凰飞落于此而得名（图 11-4）。

图 11-3　曹操河遗址　　　　　　　　　　图 11-4　凤凰墩遗址
图片来源：编写组自摄　　　　　　　　　图片来源：编写组自摄

江淮分水岭：古代吴楚相连之地，分水岭地区水源洁净，落雨从这里往长江或淮河"分流"，南麓流往长江，北麓汇入淮河，区域地位极其重要。

大、小岭南虽有丰厚的历史与标志性的地理位置，但一直寂寂无闻，随着时间的推移，渐渐被人遗忘。改造前，村内缺乏公共基础设施，旱厕为主，污水未经处理自然排放，脏乱差现象突出，村庄居住环境差。村庄对外交通不畅，村道以乡间小路和田耕路为主，1～3m 宽幅不等，大多数为土石、小碎石路面及土路。

村域建筑大体上有两类。一类为土坯房，多为 20 世纪 60 年代农户自建，仅有一小部分还有老人居住，大部分都无人居住。因建筑年久失修，院内荒草丛生，且多数建筑墙体出现较大裂缝，结构失稳严重，早已成为危房。另一类为 20 世纪末以来建造的砖混结构的两三层楼房，不锈钢门窗，建筑形式多样，外立面涂层已斑驳。门前庭院也多为菜地、水泥地以及杂草地，形式杂乱无章，出现各种城市化元素与乡村的生硬拼接。房屋因自发建造缺乏规划与技术指导，质量不佳，凌乱凋敝（图 11-5）。

图 11-5　庐州驿餐厅

图片来源：编写组自摄

谋划：文化复兴 + 商业复兴 + 建筑复兴

随着乡村振兴的号角吹响，小岭南人统一思想，谋划发展，达成共识：充分利用乡村现有资源，把生态、生产、生活形式做到极致，让目标人群产生审美认同和心理归属，了解小岭南的历史，体验江淮分水岭的两边差异，记住乡村的农业景观之美。为此，在合肥蜀山区的总体发展规划框架内，启动了小岭南规划设计（图 11-6～图 11-8）。

图 11-6　稻田会议室

图片来源：编写组自摄

图 11-7 村庄风貌集锦

图片来源：编写组自摄

图 11-8 岭南民宿

图片来源：编写组自摄

规划构思

拥有区位、交通、生态、科教、人才资源优势的蜀山区是合肥西郊新村民计划的最佳实现地。乡村振兴的关键是人，在于能引得进、留得住年轻一代，只有当各行各业开始回归乡村，才能为乡建之路带来更多的活力和发展机会。对于追求"三生合一"的高科技创新创业团体，寻根的乡贤，返乡的年轻人，有乡愁和情怀的新文化人，统称为"新村民"，他们给乡村带来资源、理念、思想，与当地居民交流沟通碰撞出新的火花，最终达到新村民与原村民的融合与共生，形成新的平衡，让现代文明与农耕文明共同发展。

规划目标

以生态、科教为本底，近郊"三生融合"科技创新创业为发展主线，建设生态舒适、文化共融、永续发展的新村民社区，打造"美丽中国"乡村振兴的实践与典范。

实施方法

利用近郊区位，抓住生态性，引进新村民，做乡村版商务休闲康养区（图11-9）。

图 11-9　文化展览馆
图片来源：编写组自摄

理念：建筑的时光之旅

第一步：整治建筑风貌，完善基础设施

为保留村庄风貌的整体性，对现有民居进行修复，配套水电、消防、卫生等基础设施，改善居住条件。风貌保存较好的，外观依原貌维修，内部按现代需要增加生活设施。墙体、门窗、屋面已有较大改动的，进行构件整修，与建筑保持协调。已遭损毁的危房，更换结构进行修缮。

第二步：打造重要节点，融入历史文化

疏浚曹操河，整治两岸水景，于河岸及凤凰墩遗址处树标识牌，解说历史典故。在江淮分水岭处建立造型新颖的瞭望塔，登高远望，可体会分水岭两侧的不同景观与气候特征。打通村内重要节点与村边界的视线通道，并沿视线廊建木栈道架入农田，供人们深入观赏四季作物变换的不同农业景观（图 11-10）。

图 11-10　新农人房舍

图片来源：编写组自摄

第三步：招商引资建样板，引导村民发展民宿

2018年，按照"修旧如旧""留住乡愁"的原则，小岭南打造具有江淮地区特色的村落。田野环抱的村落间，一栋栋由农房修缮而来的精品民宿，耀眼夺目。"通过盘活农村闲置宅基地、闲置房屋以及闲置集体建设用地等资源，激活农村沉睡的资产，培育发展乡村民宿产业，为乡村旅游注入新动能。"按照自愿原则，小岭南的43户农户将闲置房屋统一租赁出去，由外包公司统一运营打造乡村民宿等项目。

如果现在一说起合肥最美的乡村，小岭南一定位列其中（图11-11、图11-12）。走进城西小岭南，湛蓝的天空下，乡村道路旁花香四溢，高低错落的田地里稻谷连成一片。如今的小岭南发生了日新月异的变化，"青砖白缝小合院"的江淮特色建筑，吸引了合肥及周边城市不少游客的青睐。

图 11-11　农房新貌
图片来源：编写组自摄

图 11-12　观景塔
图片来源：编写组自摄

千年古村迸活力　钟毓蓝田焕新貌

12. 歙县蓝田村

　　歙县以"品味歙县·自在乡村"为载体，举办系列乡村旅游活动，共设"繁花似锦·春满歙县""夏山如碧·活力歙县""秋高气爽·魅力歙县""冬暖田园·幸福歙县"四大板块，着力打造"春夏秋冬"四季乡村旅游精品板块，融合农耕文化、徽文化与乡村旅游，发掘乡村资源优势，宣传乡村文化内涵，展示美丽乡村建设成效，推动美丽乡村向"美丽经济"转变，催生乡村旅游新业态。

《安徽日报》，2020 年 5 月 19 日

概况：千年文化古村落

蓝田村隶属于安徽省黄山市歙县溪头镇，是一个具有丰富历史文化积淀的千年文化古村落。这里山川秀丽，人才辈出。2019年列入第五批中国传统村落名录。2020年3月，该村作为第二批村落单馆入驻中国传统村落数字博物馆。

初识：传统村落特色

蓝田村具有1400多年历史，村域面积10km^2。椐蓝田叶氏族谱《四老支谱》载，村原名潺田。蓝田叶氏入住蓝田后，为纪念先祖叶敷泽（蓝田叶氏始祖孟公的祖父，曾任陕西蓝田县尹），以旧名"潺"字"浅俗不韵"，遂易村名"潺田"为"蓝田"。蓝田村是江南"叶氏起源地"之一，有着悠久深厚的历史文化积淀，历代名士荟萃。这里是现代文艺家叶以群、教育家叶元龙、画家叶森槐的故里。这里也是一片红色热土，革命战士方志敏曾在此留下了战斗的痕迹，域内的木岭后一度成为皖南革命游击队战争指挥中心，是全县的革命老区之一。

蓝田现存物质文化遗产主要有古坝首（类似于古城墙）、明清徽派建筑群、王姬叶母墓、古戏台遗址、郡主汤沐所（一口泉水井）等市级文保单位。蓝田传统村落有特色的传统元素主要有：

坝首——蓝田村东出口处有三道人工屏障，分别称为里坝首、中坝首、外坝首。里坝首紧贴村边，坝首高1～2m，弧长超300m，现存400年以上古树10株，200年以上的古树10余株。南、北村口，各有一道坝首，现存200年以上古树17株。人工坝首和坝首上的参天古树，构成了蓝田传统村落的特征元素之一，也构成了村里独特的景观。

文昌阁和松谷亭——村东文昌阁为塔形亭式建筑，两层四面八角，清乾隆时由蓝田人叶天赐建造，并资助贫寒子弟在此念书。登阁眺望，远峰近水，一览无余。松谷亭紧靠文昌阁，二者相连、一高一低，如"大手牵小手"，十分有趣，构成村口景观建筑。

明清古建筑——梓树巷古建筑群：叶天赐故居于明朝嘉靖年间建造，清朝翻修；清末建造的叶峙亭故居在叶天赐故居南侧。

上新屋建筑群——包括三幢民居，两幢为通转屋，又称上下对堂，一幢为明三桁（楼梯设在照壁后）。

下新屋（五福巷）建筑群——两幢三桁两阁厢，相对而立，各有天井，中以墙隔开，有门通行（图12-1～图12-3）。

图12-1 蓝田村口
图片来源：编写组自摄

图12-2 蓝田村区位示意图

图12-3 屋顶鸟瞰
图片来源：编写组自摄

正谊学堂旧址——清代创办的小学，建于宣统元年（1909年），旧址在叶峙亭故居和礼公祠对面。

此外，村内还有古亭、古桥、古戏台、牌坊、古井、古池塘等众多传统建筑遗存，加之一直流传于民间的非物质文化遗产，共同造就了皖南久负盛名的传统村落——蓝田村。

蓝田村的民俗文化同样丰富，有汪满田嬉鱼灯、蓝田舞狮以及保熟节、庆丰节等非物质文化遗产。明清时期的蓝田繁华、富裕，现存的蓝田传统村落仍有众多的传统文化遗存，记录了明清时期鼎盛的蓝田村落生活信息。

蓝田村村落街道沿来龙山布局，街巷纵横，上水、下水、明渠、暗沟，错落有致。史传鼎盛时期蓝田曾达到"千户万丁"的规模，建有多个当铺、钱庄、诊所、药店和其他社会活动场所。

但因历史战乱，特别是太平天国后期，村落大部分被烧毁，居民四处迁徙，村落渐渐凋敝。到 20 世纪末，蓝田遗留古建筑不及鼎盛时的一半。现存人文古迹主要有古坝首、明清徽派建筑群、古桥、塘库（古水利系统）、古戏台、古学堂、古墓祠、古亭阁、古石坊、汪氏节孝坊、如来佛柱、千年石板古道和巷道（图 12-4、图 12-5）。

图 12-4　梓树巷
图片来源：编写组自摄

图 12-5　古巷今貌
图片来源：编写组自摄

发展：时光之旅美丽乡村建设

蓝田村民始终眷恋着世代居住的村落，一直自发维护。1990 年以来，在坝首补植冬青、梧桐等树 100 多株。几十年的补种培育，使村四周有百年以上古树 400 余株，古树环绕整个村庄，坝首已成为蓝田乡村公园，形成了独具特色的村落景观。

自 2005 年开展新农村建设以来，作为入选国家传统村落名录的蓝田村，其发展也追随国家的政策指引，经历了四个阶段的飞跃。

第一阶段：新农村建设

2005 年，响应国家政策，安徽启动了新农村建设工作。蓝田村早期的新农村建设，主要表现为交通的改善，村村通水泥路使得原本闭塞的乡村与外界有了可通汽车的道路，这使得乡村的农产品外销畅通，村民与社会的交流频繁起来。此时村落的保护仅限于对文保单位执行保护，对传统村落文化的保护尚取决于村民的自发保护意识。

第二阶段：美丽乡村建设

随着新农村建设的推进，2008年安徽也和全国各省同步，开始新农村建设的升级版——美丽乡村建设。蓝田村在此阶段逐步开展乡村环境整治的基础设施、村容村貌、净水改厕等基础工程，村子里整洁了，道路也变宽了。但蓝田村古老的巷子、广场等传统元素受到了一定的破坏，村民自建、翻建的住房，也风格各异，杂呈村中，皖南古村落的风貌正在慢慢褪去。

第三阶段：传统村落保护

2012年，国家四部委联合开展传统村落申报及保护规划工作。蓝田村摸查本村特色元素，挖掘传统文化资源，于2019年成功入选国家传统村落名录，并组织了专业人士编写保护规划，对蓝田传统村落实施整体保护。

第四阶段：乡村振兴

2019年，党中央提出了产业、人才、文化、生态、组织五大乡村振兴战略，至此，蓝田村走上了保护与发展并重的乡村振兴之路。近年来，蓝田村抓住乡村振兴发展机遇，因地制宜，统筹村庄发展，发展中坚持以规划为引领，创立蓝田·桃源综合体，以生态为灵魂，以产业为支撑，以保障为推动，以乡风为根本，推进全村环境、空间、产业和文明共同发展。

1. 以规划为引领，明晰发展定位

依据上位及蓝田村保护规划，按照"因地制宜、因村制宜"的原则，在个性上做文章，在特色上下功夫。对松谷亭乡贤馆、王姬叶母墓配套设计、郡主汤沐所修复、古祠堂修复、古街巷、人文胜迹（文化墙）的恢复等节点进行重点设计打造，着力彰显古村韵味与魅力。

2. 以绿色为灵魂，彰显生态之美

坚持"绿水青山就是金山银山"的发展理念，以绿色生态为灵魂，把绿色发展贯穿美丽乡村建设始终。一是对村内33棵百年以上的古树进行了挂牌保护，对28处小菜园、小竹园、小花园进行复古式修复，让美丽乡村绿色常驻。二是改建文化墙5处，拆除破旧牛栏猪栏12处，疏浚硬化沟渠100m，村庄环境进一步改善。环境提升可以带给村民幸福感，村民们保护环境的意识提高了，文明习惯逐渐养成（图12-6）。

图 12-6　村庄远景
图片来源：编写组自摄

3. 以产业为引擎，注入动力源泉

乡村振兴，产业是基础，富民是核心。

一是对村集体闲置的土地、林场、房屋等集体资产采取承包经营权、租赁等进行盘活，增加村集体经济收入。二是持续发展果桑、茶叶、菊花等种植业，深入挖掘古村落、叶氏文化等文化内涵，大力发展乡村旅游，培育休闲农庄和农家乐。现已成立了"溪之源生态农庄""黄山野草生态农业有限公司"等。三是农户以土地资源为股份加入合作社，带动农户进行新型生态农业发展。黄山野草生态农业有限公司针对中高消费人群，利用电子商务平台销售本地绿色食品。

结合徽州传统民俗文化、茶文化和农耕文化，发展以生态农业为基础的乡村旅游，提供旅游、观光、休闲和体验相结合。增强生态旅游品牌，促进生态旅游发展。游学团队和公司团队在这里不仅可以学习徽州文化，还可以促进蓝田村的旅游发展。

结合特色产业，重点打造茶文化展示中心、荷花文化交流中心、农产品交易市场、荷花艺术民宿、茶文化体验馆、蓝田旅游接待中心、蓝田古村旅游区、老街十二坊、农业采摘园等旅游文化项目。

4. 以机制为保障，凝聚建设合力

乡村振兴是一项系统性的民生工程，涉及方方面面，需要各方大力支持和机制保障。

一是落实工作目标责任制考核，进一步细化责任，提高村组干部建设的主动性，同时加强对群众宣传和引导，激发群众参与热情。

二是整合涉农资金300多万元，硬化提升道路1580m，新改造农村危房81户，新建、改建公园2个，修复古迹5处，新建村级活动中心1座，公共服务设施逐步配套完善。

三是总结推行"四议两公开""村民理事会"社会治理模式等，让群众知晓、参与和监督美丽乡村发展建设（图12-7）。

四是制定了网格式环境整治模式，由村干部带头，落实责任区，党员包保环境节点；同时配套制定"三带头，一带动"全民参与的环境整治长效机制，制定党员奉献日，与全体村民签订"门前三包"责任书，引导村民自觉维护村庄环境。

五是大力开展乡风文明活动，每年开展"十项创评"，利用村中文化墙大力宣传村规民约、好家训、好人榜等，不断增强村民自我管理、自我建设、自我服务的能力水平。在市、县政府大力支持下，蓝田村组织开展了乡村文化建设，对古迹包括建筑、古石板驿道、古树、水口等抓紧保护，进行维修，并利用坝首（水口）古树林开辟了乡村公园。利用墙头文化，对历史传统文化和现代文明进行宣传。修缮了江南叶氏古墓、承德祠，开辟了游客接待中心，向来访者娓娓述说一个美丽的千年古村焕发新颜的改变历程（图12-8～图12-10）。

图12-7 秀美稻田
图片来源：编写组自摄

图12-9 坝首
图片来源：编写组自摄

图12-8 村落古貌
图片来源：编写组自摄

图12-10 钟灵毓秀
图片来源：编写组自摄

13. 黄山市歙县卖花渔村

　　曾去卖花渔村，鸡犬之声相闻。花深不知归路，岭上都是白云，村形如鱼，村头尖尖状如鱼嘴；村腰渐宽如鱼肚；村脚房屋向两翼展开，如鱼的剪刀尾。卖花渔村盆景年产值达 2000 多万，人均收入达到 3 万元，是黄山市远近闻名的富裕村。

《黄山日报》，2021 年 2 月 17 日

初识

卖花渔村，曾用名洪岭村。该村坐落于全国著名旅游目的地安徽省黄山市歙县雄村镇，2019年入选第二批国家森林乡村名单（图13-1）。

史书曾记载，卖花渔村从山上往下看村子就是条大鱼，村头像鱼嘴、村腰如鱼肚、村脚似鱼尾。这就是充满诗意的村名的由来。卖花渔村地处皖南山区，气候湿润，土地肥沃，四季分明，雨量充沛，十分有利于植物生长与培育。自唐始，村中返乡的文人隐居村中，修身养性，致力于盆景培育的艺术实践，并将技术传授村民，花卉种植与盆景培育在村中逐渐成为风气，家家养花、户户育景，销往村外并成为村民主要经济来源。卖花渔村的盆景艺术也成为中华盆栽艺苑中的独特一支，美名远播。每逢花季，放眼望去，村内仿佛盆景公园，形态各异的盆景装饰了整个村落，十分壮观。

图13-1 卖花渔村区位
图片来源：编写组自绘

困境

坐落于群山环抱中卖花渔村，随着人口的增多，单一靠山吃山、售卖盆景的经济模式已无法满足人们的生活需求。加之改革开放后，社会、科技的快速发展，村民对提高生活水平的诉求，致使村里的年轻人纷纷外出务工，村内世代相传的传统技艺——盆景培育也鲜有年轻传承者（图13-2）。

图13-2 卖花渔村建筑旧貌
图片来源：编写组自摄

由于地理环境的因素，村内空间发展受到制约，尤其是村子对外交通的盘山路狭窄、弯曲，致使村子也无法融入"大黄山旅游板块"，发展乡村旅游。交通困境、人才困境都严重制约了卖花渔村的发展（图13-3）。

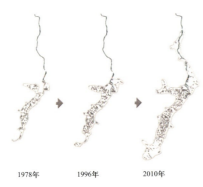

图 13-3　卖花渔村历史脉络

图片来源：王绣贤.基于空间生产理论的传统村落空间转型研究［D］.合肥：安徽建筑大学，2021.

谋划

卖花渔村有着跨越千年历史的盆景文化与独特的花山美景。借助乡村振兴之东风，村干部带领村民们学政策、遍访经、深谋划，干群一致达成共识：传统文化及传统技艺是卖花渔村实现村落乡村旅游特色化发展的宝贵资源，是产业特色化转型发展的核心依托。依托自然资源，走生态发展之路，打造山体花海，融入"大黄山"旅游圈，是卖花渔村走向富裕的振兴之路。

蓝图绘就，全村上下积极行动，村委会带领村民首先成功申请了国家级非物质文化遗产——徽州盆景，鼓励非遗传人在村中开班讲学，传授技艺，并在全村紧密结合当地深厚的历史文化和民俗习惯来策划多元化的社会活动。例如再现传统村落中节庆活动和传统表演活动，激活当地独特的文化，增强游客的参与感。围绕村庄的山林引导种植适宜气候的各季花卉，尤其是冬季的梅花，并设置赏花路线，每年应季举办赏花节（图13-4）。

图 13-4　深山花海中的小村庄——卖花渔村

图片来源：编写组自摄

结合美丽乡村建设，保持村庄传统风貌，优化村庄环境设计。规划设计在村庄外另建一处停车场，在赏花旅游旺季，游客可停车于村外围，再用接驳车载客入村，同时适当扩宽原有出村道路，提升道路质量，解决村庄旅游高峰时与盆景外销时的道路畅通。既保持了原有的山水格局，维护了村庄原有的静谧氛围，也满足了旅游及产业发展需求。这个坐落于山坳中的小村，村民喜欢将自家院落设置成盆景园，于是构成了山中村、村中园、园中景的山村风貌。设计保留了院景式民居79幢，园中培育盆景，住房兼作民宿餐饮。村内有年代记忆的传统建筑结合旅游、产业、文化发展需求，活态化保护、利用、更新。将曾经的渔村小学改造成村史馆，展示宣传村落特色盆景的发展历程及相关知识，向村民普及历史文化的同时供游客参观游览。将村内的古建筑——洪氏祠堂，内部空间更新后改成村内标志性的乡贤馆，用以展示村落祖训及代表性人物（图13-5～图13-7）。

图13-5　山村新貌
图片来源：编写组自摄

图 13-6　古亭花色
图片来源：编写组自摄

图 13-7　村内乡贤馆
图片来源：编写组自摄

改变

现如今,家家户户院落中种植盆景,既美化了村景,也增加了村民的经济收入。每逢冬季,山野林地绽放的梅花,红的、白的、绿的(卖花渔村的绿梅养殖在全国独树一帜)……吸引了四方宾客。赏花之余游客可体验当地传统文化及传统美食,并在离开之时购一枝梅花,带走留念。

一系列的空间建设活动和村落保护发展措施推动卖花渔村的空间功能不断优化,由生活向居住、文化、产业等功能转变,村子已从单一、均质、传统的生产生活功能逐步转变为兼具休闲旅游、特色种植、配套服务、文化展示等多种复合功能。生态发展理念的坚持,既保持强化了村落的传统特色风貌,美化了村民的生活环境,提升了村民居住的舒适度,也满足了游客乡居的生活体验。

短短几年,在乡村振兴政策指引下,通过全村上下共同努力,百年古村落涅槃重生,小小的卖花渔村已蝶变为镶嵌在绿水青山中的璀璨明珠,美名已传八方,村民的幸福指数也节节攀升(图 13-8)。

图 13-8 花间古径
图片来源:编写组自摄

都市人的田园乡村梦

14. 合肥将军岭麦香村

稻谷金黄，300亩的原种水稻迎来成熟；集观光、休闲、住宿、餐饮功能于一体的4座院落，日均接待人数突破300人次……蜀山区小庙镇麦香村正在乡村振兴战略引领下，打造生态、生产、生活"三生合一"的"乡村CBD"。

《合肥日报》，2020年10月9日

历史:将军岭

麦香村位于安徽省合肥市蜀山区将军岭地带,嘉庆《合肥县志》载:"将军岭在城(合肥)西四五十里,一名分水岭,岭下有分水田,一源二流(一流入江,一流入淮),即淝源分流处。宋,有杨将军开分水田,使二水(今东、南淝河)相合,引淮入淝。募万人挑之,工不成,将军自刎。"故而此地名为将军岭。

麦香村属于城郊融合地,毗邻城市,地理位置优越,交通也十分便利(图14-1、图14-2)。

图14-1 麦香村宏观区位

图片来源:编写组自绘

图14-2 麦香村微观区位

图片来源:编写组自绘

初识：没落的村庄

麦香村原有 14 户居民，现已全部迁到城内，老建筑多为 20 世纪 50～60 年代农户自建的土坯房，因年久空置，部分倒塌或已成为危房（图 14-3）。

麦香村具有一定的旅游价值，村庄虽衰败，但地理位置十分优越，且原种麦田是特色农耕方式之一，陂塘景观也很有特色（图 14-4、图 14-5）。

图 14-3　麦香村旧貌
图片来源：村部提供

图 14-4　村边景观
图片来源：编写组自摄

图 14-5 村边可观麦田的民宿
图片来源：编写组自摄

探索：艺术介入 + 乡野特色资源挖掘

著名环境美学大家卡尔松教授认为，一切自然的、乡村的，大的或小的，平常或不平常的环境，都是为我们提供了许多视觉、听觉以及各种感官感受的对象。麦香村中丰富的乡土资源，就通过艺术介入，营造出了可观赏的人居环境。麦香村的振兴发展路线体现在以下三个方面。

第一，创新驱动发展。麦香村在乡村振兴政策指引下，把生态环境作为坚实基底，把产业融合提升作为有力抓手，树立特有视觉形象，开创新的景观规划模式，打造江淮分水岭乡野风光旅游基地，发展创新型农业，形成良好的乡村环境以及景观，提供优质乡村产品。麦香村地域文化艺术的发展还能够为当地居民和乡村外出的青壮年创造就业机会，让他们的工作与生活空间不至于过度分离，进而缓解村中日益出现的空心化问题，提升村内公共空间的氛围与活力。

第二，体现乡野特色。麦香村针对当地地域特点，深入了解当地自然、人文资源，将农耕生活与江淮文化结合，结合村内现存的主流树种与农耕作物，并尽量使用本地乡野特色资源（如表 14-1 所示）。进行艺术化的景观环境设计。让乡村建设得更像乡村，展现了文化自信，且带动了村内产业发展（图 14-6～图 14-8）。

图 14-6 驿站

图片来源：编写组自摄

图 14-7 合肥之源

图片来源：编写组自摄

图 14-8 各具特色的民宿

图片来源：编写组自摄

第三，坚持生态优先。麦香村在振兴路上从不搞大拆大建、过度建设，而是非常注重乡村景观的可持续性、生态性，采用最小干预、渐进式改造提升的模式，充分利用各方力量，让艺术家、村民和政府共同参与其中，一起实现美好麦香村建设的目标（图14-9、表14-1）。

乡野特色资源　　　　　表 14-1

乡野特色资源大类	二级分类	资源内容
乡村自然资源	乡土植物类	原种水稻、麦田、乌桕、香樟、紫薇、构树
乡村人文物质资源	乡土建筑类	江淮民居
	乡土装置类	传统渔具(鱼篓、渔网架、鱼叉等)
		生活工具(推车、石磨、竹篓、竹筛等)
	乡土民俗艺术	庐剧、抛头狮、庐州土陶、原种农耕文化
乡村人文精神资源	乡土历史渊源类	兵家必争之地，地处要道，距离古代庐州城很近
		三国时期古代战场遗址(曹军大营练兵遗址、曹操河道遗址等)
	乡村生活场景类	春耕秋收、晒网捕捞等场景
乡村社会经济	乡土特色产业类	渔业、苗圃、果园等

图 14-9　村外池塘野趣
图片来源：编写组自摄

谋划：错位发展 + 文旅结合 + 精品打造

麦香村与岭南、将军社区等周边旅游项目错位发展，以高端商务休闲度假游为发展主线，结合周边大地景观优势项目，打造特色旅游品牌。

麦香村依托良好的自然和文化资源，加大对田园旅游资源以及村内麦田文化的挖掘与打造，在目前村内建设的基础上打造特色的田园旅游，将麦田文化融入旅游，用文化为旅游项目增色。

麦香村定位于精品项目打造，策划引入多种活动项目（卡丁车、小球类运动、帐篷营地、房车营地等，如图14-10、图14-11），提升项目整体的品质。

图 14-10　悠闲的"灰空间"
图片来源：编写组自摄

图 14-11　地方特色民宿
图片来源：编写组自摄

理念：一站式田园酒店、原乡俱乐部

麦香村以生态、科教为本底，近郊"三生融合"科技创新创业为发展主线，岭南乡村 CBD 为引领，打造集江淮建筑风貌、江淮分水岭乡野风光于一体的一站式江淮田园休闲体验目的地（图 14-12～图 14-14）。

图 14-12　房车民宿
图片来源：编写组自摄

图 14-13 夕阳村景
图片来源：编写组自摄

图 14-14 落入田间的"餐厅"
图片来源：编写组自摄

重生：乡村振兴"新家园"

过去麦香村基本是个"空心村"，大多数村民外出打工谋生，村庄田地大量荒废，民宅也弃置不用。两年前，蜀山区启动生态文化旅游休闲区建设，小庙镇以此为契机建设乡村振兴示范区，麦香村便是乡村振兴示范区项目之一。

随着乡村振兴示范区建设的持续推进，麦香村迎来了日新月异的变化。良好的生活环境不仅让绿水青山变成了金山银山，还带来了旅游业发展的新机遇。如今的麦香村已经成为合肥市民休闲度假的热门之选，且创生出了一种城郊融合类村庄的发展模式（图 14-15、图 14-16）。

图 14-15 文化活动场
图片来源：编写组自摄

图 14-16 丰收的"大麦季"
图片来源：编写组自摄